# M&Aシナジーを実現するPMI
Post Merger Integration

事業統合を成功へ導く人材マネジメントの実践

ウイリス・タワーズワトソン
［編］

要慎吾 / 中村健太郎 / 森田純夫 / 堀之内俊也 / 松尾梓司 / 片桐一郎
［著］

東洋経済新報社

# はじめに──なぜ、今PMIなのか？

　日本企業による海外企業買収の勢いは株価水準や為替相場などの外的経済環境の影響を受けることなく、高い水準を維持している。企業の成長戦略としての、飽和した国内市場から海外市場への事業拡大を目的としたM&A実施の必然性は高く、当面このような傾向は続くと考えられる。

　こうした中、M&A案件は当然のように毎日発表されているが、買収側の日本企業において、M&Aでそもそも目的とした、事業シナジーを想定どおりに創出して企業価値の向上を実現できている、あるいは買収を成功と評価して、十分満足できている企業がどれだけあるかというと、実際には意外と少ない。また、失敗しているという認識を持っている企業も多くない。これが、日本企業のM&Aの実態を表している現象と言える。

　つまり、日本企業によるM&Aにおいては、買収した海外企業について、ほぼ買った時の状態のまま（As-Is）で放置していて、PMI（Post Merger Integration；「買収に伴う事業・組織・機能の統合」）をほとんど実施していないケースが驚くほど多いということである。PMI実施によるシナジーは不在であり、1+1=2の状態を維持したままになっている。M&Aに比較的慣れた欧米企業においては、PMIへの意識は高く、1+1=「3」にも「4」にもバリュー・アップすることに成功している企業もある。もちろん逆に、PMIの失敗により、1+1=「1」あるいは「0」に劣化させてしまうケースが見受けられるのも事実である。

　では、なぜ日本企業のPMIはなかなか進まないのか？　それには、第1章で解説するとおり、ディール・ストラクチャーをはじめとして様々な要因が影響しているわけであるが、本当にPMI不在のままでいいのだろうか？

　PMIの確実な遂行を通じたシナジーの実現なくして、M&A実施による、企業価値の向上は本来ありえない。むしろ往々にして、買収価額に上乗せするバリュエーション上のプレミアム分だけ、企業価値を実際には毀

損してしまっていることが多い。これでは、成長戦略の実現のための、あるいは、グローバル競争を勝ち抜くためのM&A戦略とは、とても言えない。

　本書では、まさにこのM&Aのシナジーを実現するためのPMIに関わる、ハウ・ツーを具体的に解説する。PMIと一言で言っても、案件により、その内容やプロセスは大きく異なる。そもそものM&Aの目的として、売上げ（レベニュー）サイドのシナジーを狙ったものなのか、コスト・サイドのシナジーを狙ったものなのか。はたまた、レベニュー・サイドであっても、市場・顧客獲得を目的としたものなのか、新技術やサービス・機能の獲得を狙ったものなのか。あるいは、コスト・サイドで、機能やインフラの統合による規模の経済の実現を目的としたものなのかによって、取り組むべきPMIの内容は異なる。

　本書では、PMI全体を構成するフレームワークの下、ハード面（組織・人事諸制度）とソフト面（企業・組織文化）のそれぞれについて、各章で解説している。したがって、各専門分野に興味のある読者は、個別の章から読み進めていただきたい。

　また、日本の代表的な企業で実務を担当される方々とのインタビューを掲載させていただいた。企業ごとにPMIに対する固有の考え方やアプローチが読み取れ、大変興味深い。さらに、ケーススタディについてもいくつかのパターンを紹介しており、PMI実務の具体的な理解に資するものとした。

　本書は、M&Aの入り口としてのビジネスや財務デューデリジェンス・バリュエーションに関わるものではなく（これらは、各事業会社において、いまや十分なノウハウの蓄積があり、もはや財務アドバイザーもいらないという企業も出ているようである）、あくまでもPMIに関わる、ハウ・ツーを解説したものである。M&Aで当初に目的としたシナジーを創出して、企業価値の向上を実現していくという、言わば、M&Aの出口としての参考書になれば幸いと思う。

　なお、当社は2022年1月より、WTW（ウイリス・タワーズワトソン）を対外的な呼称としてサービスを提供している。

# 目 次

はじめに――なぜ、今PMIなのか？

## 第1章 日本企業のPMIの実態と課題　1

1 PMIとは何か ……………………………………………………………… 1
2 組織・人事・ガバナンスのPMIの重要性と成功のポイント ……… 2
3 日本企業のPMIへの意識醸成を妨げる要因 ………………………… 3
　(1) 海外M&Aにおける現地の"放任"　3
　(2) M&Aの成否に対する責任所在の曖昧さ　3
　(3) リーダーシップの所在の不明確さ　4
　(4) 従来を引き継ぐストック・ディールの多さ　5
4 日本企業のM&AにおけるPMIの実態 ………………………………… 5
　(1) リテンション対象者の選別　6
　(2) リテンション対象者の選別の情報源　7
　(3) キー人材のリテインのための報酬パッケージ　8
　(4) リテンションの実績　9
　(5) リテンション期間終了前の離職理由　10

## 第2章 PMIの全体像　13

1 M&AプロセスにおけるPMIの位置付け ……………………………… 13
　(1) 買収対象決定後のM&Aのプロセス　13
　(2) デューデリジェンスで確認すべきこと　14
　(3) 買収完了準備期間での実施事項　17
2 ディール・ストラクチャーに依存するPMI ………………………… 17
　(1) 三つのディール・ストラクチャー　17
　(2) 昨今のディール・ストラクチャーのトレンド　21

| | 3 | M&Aの「目的」に応じたPMIのあり方 | 23 |
|---|---|---|---|
| | 4 | PMIを考えるフレームワーク～九つの構成要素～ | 25 |
| | 5 | プロジェクト・マネジメント・オフィス（PMO）の役割 | 30 |

# 第3章 ハード面（組織、人事諸制度）のPMI　33

1 ガバナンス　33
　(1) 「人材」から見たガバナンス　33
　(2) ガバナンスにおける主要論点　34
2 経営幹部リテンションと経営者報酬　37
　(1) リテンションと経営者報酬の全体像　37
　(2) デューデリジェンス段階における初期的検討と分析　41
　(3) リテンション策の実行　54
　(4) PMIにおける経営者報酬の中長期的な運営　64
3 等級・報酬・評価制度の統合　82
　(1) 統合の必要性　83
　(2) 統合プロセス　83
　(3) 等級制度の意味合い　85
　(4) 等級制度の統合　87
　(5) 報酬制度の統合　92
　(6) 処遇条件変更の留意点　94
4 ベネフィット（退職給付、健康保険、福利厚生）の統合　95
　(1) ベネフィットの特徴とPMIを見すえた人事デューデリジェンスの進め方　95
　(2) 確定給付型退職給付の概要および着目のポイント　97
　(3) 確定拠出型退職給付の概要および着目のポイント　102
　(4) 健康保険（医療保険）の概要および着目のポイント　104
　(5) 住宅補助ベネフィットの概要および着目のポイント　107
　(6) 年次有給休暇の概要および着目のポイント　111
　(7) 人事デューデリジェンスにおけるSide by Side分析の活用と

売買価格への反映　113
5　人事IT（HRISの活用） ───────────────── 117
　（1）人事ITソリューションの効果　117
　（2）人事部もHRISで進化　120

# 第4章　ソフト面（企業・組織文化）のPMI　123

1　企業文化とは何か？ ───────────────────── 123
　（1）M&Aの成否を分ける企業文化　123
　（2）企業文化とは"The Way We Work"　124
2　統合後のあるべき企業文化とは？ ───────────── 125
　（1）統合後の企業文化構築のアプローチ　125
　（2）統合後の戦略実現に資する企業文化を作る　129
3　どのように相手の企業文化を知るか？ ───────────── 129
　（1）PMIは相手の企業文化の理解から始まる　129
　（2）デューデリジェンスを通じて相手の企業文化の仮説を作る　129
　（3）相手とのコンタクトを通じ企業文化の仮説を深める　135
4　どのように企業文化を融合するか？ ───────────── 141
　（1）ハードとソフトの双方からの取り組み　141
　（2）社員の巻きこみを通じて企業文化を融合する　141
　（3）相互の違いを知り尊重する環境を作る　143
　（4）企業文化融合の進捗状況をモニタリングする　144
　（5）"統合リーダー"を育成・登用する　146
5　社員感情に配慮したチェンジ・マネジメントを
　どう実施するか？ ──────────────────────── 147
　（1）被買収企業の社員のエンゲージメント・レベルは低下する　147
　（2）被買収企業の社員が不安を持つ三つの要素　148
　（3）エンゲージメント・レベルを改善するチェンジ・マネジメント　148
　（4）社員の不安に応えるコミュニケーションの設計　150
　（5）コミュニケーション・プランでいつ誰に何を伝えるかを明確化する　155

## 第5章　国内企業による事例紹介とケーススタディ　157

1. 国内企業の成功事例紹介 ································································· 158
   (1) コカ・コーライーストジャパン株式会社　158
   (2) ダイキン工業株式会社　169
   (3) 味の素株式会社　185
2. 企業統合のケーススタディ ························································· 198
   (1) 株式取得案件──〈日本法人Ａ社による、米国法人Ｂ社の買収〉　198
   (2) 事業部門取得案件
       ──〈日本法人Ｘ社による、米国法人Ｙ社のＺ事業部門の買収〉　204
   (3) 企業文化の統合案件　208

## 第6章　日本企業がM&AとPMIを成功させるためには何が必要か　217

1. PMIの成功には日本企業自身の変革が必要 ····························· 217
2. M&Aを前提とする組織運営を確立 ··········································· 218
   (1) 統合の前提となる組織原理の転換　219
   (2) 統合組織モデルのビジョンが必要　221
3. 日本企業の人材マネジメントの課題 ········································· 222
   (1) 属人化からの脱却と意思決定の透明化　223
   (2) 組織のモジュール化への抵抗排除　224
   (3) 社員コミュニケーションの工夫　225
4. PMIのレベルアップ ······································································ 226
   (1) PMIプランニングをデューデリジェンスから行う　226
   (2) 経験と組織知を反映したマニュアルとツールを活用する　227
5. 統合リーダーの開発 ······································································ 228
6. 日本企業の強みをPMIに活かすために必要なこと ················· 229

索　引 ································································································· 231

# 第1章

# 日本企業の
# PMIの実態と課題

## 1　PMIとは何か

　M&AにおけるPMI（Post Merger Integration；「買収に伴う事業・組織・機能の統合」）とは、本来、買収契約を締結する前に行うデューデリジェンスから始まる、一連のプロセスの後工程に位置するものである。別の見方をすると、買収後の経営統合ビジョンに基づき必要となるPMIのアウトラインがまずあり、デューデリジェンスは、そこから逆算して、どういったポイントにフォーカスして精査・確認を行うかを本来は考えるべきものである。

　また、PMIと一言でいっても、案件によってその内容やプロセスはすべて異なるが、どういった目的でPMIを実施するにせよ、その成否を分けるポイントは、M&A後の新事業戦略を支える「仕組み」を新会社に埋めこむことができるかどうかにかかっている。ここでいう「仕組み」とは、事業シナジーを生み出すための企業活動を支える様々な制度・ルール・システムなどのコーポレート・バックボーンである。「組織・人事・ガバナンス」「財務・会計」「法務・リスク・コンプライアンス」「ITシステム」などがそれにあたる。

## 2 組織・人事・ガバナンスのPMIの重要性と成功のポイント

　その中でも、企業活動を行うすべての人間の考え方や行動を規定し、経営目的に向けた活動へと方向付け、コア・プラットフォームとして支えるのが、「組織・人事・ガバナンス」に関わる仕組みと制度である。

　言ってみれば、「財務・会計」は企業活動の結果としてのスコアボードであり、「ITシステム」は活動をサポートするツールである。また、「法務・リスク・コンプライアンス」は、その中にあってのルール・法律であり、いわばブレーキである。

　世界の経営者を対象に、過去に実施したM&Aで失敗に終わったものについて、その原因を調査したサーベイがある。それによると、失敗の要因として、企業文化の相違や経営・管理スタイルの違いなど、組織・人事・ガバナンスのマネジメントに関わるものが圧倒的に多かった。つまり、グローバルに見ても、「組織・人事・ガバナンス」に関わる要素が、M&Aの肝であり、また最も難しいものであると言えよう。

　では、組織・人事・ガバナンスに関わる、PMI成功のポイントとは何か。それは、買収対象企業の行動を規定する「組織・人事・ガバナンスの制度」について、デューデリジェンス段階の精査と理解が一つである。もう一つは、買収契約締結後、クロージング・Day 1（買収完了後の初日）に向けた、新会社としての適切な「仕組み・制度」の再定義と周到に練られた計画的な作りこみである。

　仮に、海外企業の買収に際し、先方の経営陣にある程度事業運営を任せるにしても、グループ全体としてシナジーを創出するためには、場当たり的ではない永続的な仕組みの下で買収対象企業を管理するための「組織・人事・ガバナンス」に関わるマネジメント制度の導入が必要不可欠なのである。

## 3　日本企業のPMIへの意識醸成を妨げる要因

　日本企業では、まだデューデリジェンスを単独のプロセスとして捉える傾向が強い。様々なリスクの有無を確認して、もし課題があれば対処方法を検討するが、なければここで取り組みが終了してしまうことがある。その結果、PMIそのものが欠落してしまっているケースがまだまだ多い。

　欧米企業に比べて、なぜ日本企業のPMIはなかなか進まないのか。なぜ海外買収を行った多くの日本企業は、今なお、買収対象を買った状態のまま、単に財務連結している状態から脱することができていないのか。これには、いくつかの理由が考えられる。

### 1　海外M&Aにおける現地の"放任"

　わが社がデューデリジェンスでお手伝いした多くの日本企業においても、「海外のことは、我々日本人にはわからないから、任せるのが結局一番良い」や、「いろいろ注文をつけると、相手経営陣に辞められてしまう。そうなると経営自体が立ちいかなくなる」等の消極的な理由から、あえて放任するという選択をしているケースが見受けられる。これでは、M&Aが成長戦略の一環と言っても、買収対象企業の売上げや利益を現在価値ベースで単に現金で買っているのと同じである。現金と買収対象事業の等価交換にすぎず、PMIという概念自体がそもそも存在しない。結果として企業価値の創造にもつながらない。

　海外買収に伴う懸念・不安も理解はできる。しかし、買収先の経営陣に運営を任せるということと、オペレーションは任せつつも、日本の本社を含む企業グループ全体をマネージして、当初のM&Aの目的であるシナジーをグローバル・レベルで創出し、結果として企業価値向上を図ることとは、別ものである。

### 2　M&Aの成否に対する責任所在の曖昧さ

　M&Aにおいては、1対1の相対交渉になるケースだけでなく、買収候

補としての競合企業が複数存在し、オークション形式となることが多い。競合他社の存在により、いわゆる買収プレミアムを入札価額に上乗せする必要に迫られる。このプレミアムを正当化する根拠となるのが事業シナジーであり、まさにこのシナジーを実現する手段が、本来のPMIである。

逆に言えば、PMIの欠落によりシナジーの創出が実現できない場合は、結果としてM&Aが、企業価値を「創出」でなく「破壊」してしまう。

日本企業の場合、M&Aの成否に対する責任の所在が曖昧となることが多く、そうしたことに対する経営責任を問われる場面はあまり多く見受けられない。実際、日本では過去にも、多額の海外投資を行いながらも、その後にほぼ全額の減損を余儀なくされたケースがいくつかあるが、経済環境など外的要因に責任が転嫁され、経営責任を問われたという話はあまり記憶にない。こうした日本における企業ガバナンスに対する甘さが、PMIへの意識を希薄化させてしまう一因となっているのではないだろうか。

## 3 リーダーシップの所在の不明確さ

PMIの実行には、統合会社における強力なリーダーシップが不可欠となる。PMIには、合理化・効率化という側面もあり、それを実行する場合、いわゆる抵抗勢力が組織上は必ず存在する。日本企業では、買収・被買収に関わらず、相手に対する配慮や気遣いが尊重され、時にPMIより優先されることさえ見られる。例えば、たすき掛け人事や、人事部が合併前のままの「人事一部」から「人事三部」まで何年もの間併存するケースなども見られた。日本的経営の美徳とも言えようが、資本市場が国際競争の中で求める時間軸で経営の効率化を実現するうえでは、過剰な配慮はボトルネックとなる。実際にM&Aの世界では、対等を前提とするJV（ジョイント・ベンチャー）などの成功事例は多くない。

M&Aにおいては、主従関係をあえてはっきりさせて、リーダーシップの所在を明らかにし、PMIを遂行していくことが求められる。米国でよく見られる、"Our Way or No Way"といったアプローチがその典型だろう。また、日本企業のM&Aにおいても、結局うまくいっているケースを見ると、買収側が強力なリーダーシップを発揮して統合を行っているもの

が多いと言える。

## 4 従来を引き継ぐストック・ディールの多さ

　日本企業による海外買収においては、株式取得、いわゆるストック・ディールがほとんどである。この場合、買収企業は新しい株主として、従来どおりの会社の中味をそのまま引き継ぐという発想になってしまう。自社の海外拠点があったとしても、それらは規模の小さい販売拠点というケースが多く、PMIの必要性が即座には認識されにくい。このような状況であっても、PMIによるシナジーの追求を行う余地は十分にある。例えば、自社の小規模拠点と、退職年金、健康保険や福利厚生制度を統合することにより、コスト・シナジーが生まれるケースは相当ある。あるいは、会社としてはそれぞれ独立していながらも、例えばインフラやバックオフィスを統合したり、人材プールを統合して企業間の人材モビリティを確保するなどで、シナジーを創出することも可能かもしれない。

　株式取得ではなく、企業グループの一部門あるいは事業資産を買収するというディール・ストラクチャーも、数は少ないが存在する。海外の大企業グループが「選択と集中」を目指す中、このようなM&A案件も最近増えてきている。こうした案件は、ストック・ディール（株式譲渡／取得）と異なり、アセット・ディール（事業譲渡／取得）あるいは、カーブアウト・ディールと言われるが、スタンドアローン・イシュー（様々なコーポレート機能の欠落により、自立した企業体となっていないことにより生じる諸問題）という問題が構造的に生じる。つまり、新会社において、新しい経営陣と組織体制、人事制度、給与システムなどのインフラを新たに構築しなければならないため、計画的なPMIの実施が必要不可欠となる。

## 4　日本企業のM&AにおけるPMIの実態

　日本企業において、PMIの認識や実績が欧米と比較して低いことの背景には、様々な複合的要因が存在する。しかしながら、グローバル競争に勝ち抜くためにM&Aを成功させ、企業価値の向上を実現するには、PMI

の確実な実行が極めて重要であり、今まさに日本企業に求められるところである。

そこで、弊社で実施しているM&Aに関するサーベイの分析を通して、日本企業のPMIへの取り組みと課題について考察してみたい。ウイリス・タワーズワトソンでは、世界各国で、毎年多くのM&Aを実施している企業約300社を対象としたサーベイを隔年で実施している。様々な設問について、海外vs日本という比較を行っており、ここから日本のM&A・PMIに関わる課題が浮かび上がってくる。

## 1 リテンション対象者の選別

図表1-1は、「M&Aに際して、リテイン（離職を防ぎ、雇用を維持すること）するべき人を、どのように特定しているか」という設問である。PMIを遂行するうえで鍵となる有能な人材は、当然その担い手として維持する必要があるが、これらの人間をどう特定しているかを問うている。結果を見ると、海外企業においては「案件の成功に必要な能力」、日本企

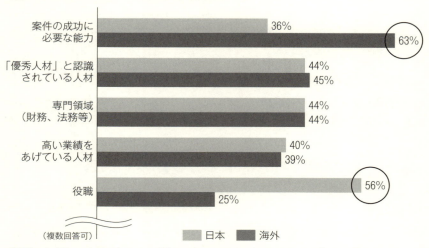

**図表1-1　リテンション対象者の選別要因**

| 選別要因 | 日本 | 海外 |
|---|---|---|
| 案件の成功に必要な能力 | 36% | 63% |
| 「優秀人材」と認識されている人材 | 44% | 45% |
| 専門領域（財務、法務等） | 44% | 44% |
| 高い業績をあげている人材 | 40% | 39% |
| 役職 | 56% | 25% |

（複数回答可）

（出所）ウイリス・タワーズワトソン「グローバルM&Aリテンション・サーベイ」2014年。

業では「役職」によってリテインするべき人材を選別している。これらは、必ずしも相反するわけではないが、日本企業のほうが形式的な判断になっていると言える。

## 2 リテンション対象者の選別の情報源

日本企業がリテンション対象者を「役職」で選別している背景が、図表1-2から理解できる。

これは、「リテイン対象者の選別にあたり、どういった情報を活用したか」という設問である。海外企業も日本企業もともに、「相手企業の経営陣からの情報」がいずれも最も多く活用されているが、海外企業では、それ以外にも「部門リーダー・レベルからの情報」、「人事部門からの情報」など多面的に情報を取っていることがわかる。つまり、多面的な情報を活用して、リテインするべき能力のある人材を各部門、各層から特定していることがわかる。一方、日本企業は「相手企業の経営陣からの情報」という極めてハイレベルな手法に一極依存しており、結果としてリテイン対象者を「役職」、つまり形式で選んでいるということが言える。これは、必

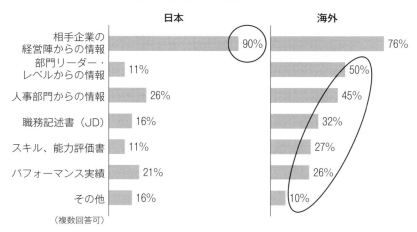

**図表1-2** リテンション対象者の選別の情報源

| | 日本 | 海外 |
|---|---|---|
| 相手企業の経営陣からの情報 | 90% | 76% |
| 部門リーダー・レベルからの情報 | 11% | 50% |
| 人事部門からの情報 | 26% | 45% |
| 職務記述書（JD） | 16% | 32% |
| スキル、能力評価書 | 11% | 27% |
| パフォーマンス実績 | 21% | 26% |
| その他 | 16% | 10% |

（複数回答可）

（出所） ウイリス・タワーズワトソン「グローバルM&Aリテンション・サーベイ」2014年。

ずしも間違いではないが、もっと多面的に人材・タレントを評価するほうが健全であろう。PMI遂行のうえで鍵となる、現場でオペレーションを仕切っている優秀な人材を日本企業がきちんとリテインできているか、いささか心配ではある。

# 3　キー人材のリテインのための報酬パッケージ

キー人材をリテインするうえで、提供する報酬パッケージの支払いについて、①「特定のパフォーマンス・ターゲットの達成を条件」とするか、②「単に離職せず、会社に残ることだけで可能」とするかを問う設問である。

①のパフォーマンスを条件とするものを、Pay-to-Performと呼び、②の離職せず会社に残ってさえいればよしとするものを、Pay-to-Stayと呼ぶ。

リテインされる側からすれば、支払いの前提に特定のパフォーマンスの達成を条件とされるのはリスクがあり、避けたいところだ。逆に言えば、そのようなリスキーなものでは、つなぎとめる効果が弱いと言える。

海外企業では、一般的にM&Aによって買収された直後から、買収側の経営陣から様々な組織的なストレスや負荷がかかり、変革・リストラが日々行われる。こうしたPMIが遂行されていく中では、①のように特定のパフォーマンス・ターゲットの達成を支払いの条件とするものは、受けいれられにくい。

**図表 1-3**　リテンション・ボーナスの支給条件

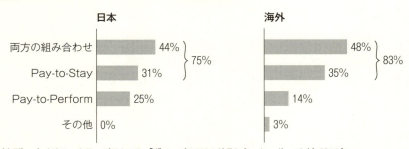

（出所）　ウイリス・タワーズワトソン「グローバルM&Aリテンション・サーベイ」2014年。

この結果を別の視点から見ると、海外企業では日本企業と比べて、①のPay-to-Performは相対的に少ない、つまり日本企業のほうがむしろ厳しいハードルを課しているように見受けられる。これは何を意味するのか。

海外企業では先の解説のとおり、①のPay-to-Performはリスクが高く、結局リテンションが効かないので、②のPay-to-Stayに傾斜する格好になっている。一方、日本企業では、買収後も、特に買収対象の組織に手を入れることはせず、Business as usualで相手経営陣に今までどおり経営を委ねる傾向がある。そうすると、相手経営陣からすれば、必ずしも、①のリスクが高いとは言えず、むしろ明日からも昨日までと同じやり方でよいので、例えば売上げや利益を前年比で5%とか10%増加させればリテンション・ボーナスをもらえるというのは悪い話ではない。つまり、海外企業は激しくPMIを遂行する中、①のPay-to-Performは受け入れられにくいが、日本企業の場合には、大規模な統合が通常行われないがゆえに受け入れられていると言える。これが、現在の日本と海外のPMIへの取り組みの差を暗示している。

## 4 リテンションの実績

図表1-4は、リテンションの結果を示している図である。縦軸が定着率、棒グラフ上段が「リテンション期間」（リテンション・ボーナス等の支給時期など、リテンションを想定する／目指す期間を指す。通常は18か月〜24か月の間であることが多い）の定着割合、棒グラフ下段がリテンション期間を過ぎてさらに1年後の定着割合を示している。

日本企業は海外企業に比べて、リテンションに成功している、という結果が出ている。リテンション期間内の定着について、日本企業のうち80%以上の定着率があったと答えた企業は何と100%であったのに対して、海外企業は68%であった。さらに、リテンション期間を過ぎて1年後、なお80%以上の対象者が残ったとする日本企業が75%もあった。一方、海外企業は43%と半分以下である。これは、ある意味で驚きである。リテンション期間を過ぎているのだから、残ることに追加の金銭的インセンティブは何もない中、在職し続けているということである。

**図表 1-4　リテンションの実績**

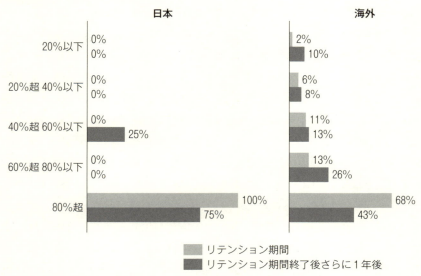

（出所）　ウイリス・タワーズワトソン「グローバルM&Aリテンション・サーベイ」2014年。

## 5　リテンション期間終了前の離職理由

　これは、離職した人々の離職理由を企業に聞いた設問である。

　海外企業では、「変わりゆく新しい組織・文化になじめなかった」との回答が48%と一番多い。次に「競合他社に積極的に勧誘された」が続く。

　日本企業はというと、「変わりゆく新しい組織・文化になじめなかった」はわずか25%しかなく、「競合他社に積極的に勧誘された」とするのが50%と最も多い。前述のリテンションの実績と合わせ、これらが意味することは何だろうか。

　日本企業の場合には、離職する人はそもそも少なく、少数の離職者の離職理由として「変わりゆく新しい組織・文化になじめなかった」という回答も多くない。ここから、「日本企業では、PMIの本格的な取り組みがなく、買収対象企業にとってみれば、非常に居心地の良い会社になっている」と言えそうだ。

**図表 1-5** リテンション期間前の離職理由

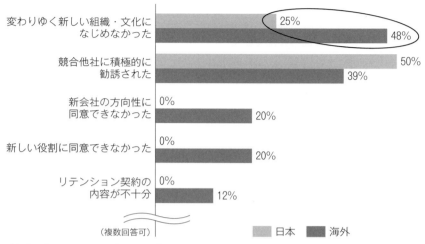

（出所） ウイリス・タワーズワトソン「グローバルM&Aリテンション・サーベイ」2014年。

　これ自体は必ずしも悪いことではないが、単に居心地が良い会社というだけでは、買収目的である、シナジー創出による企業価値の向上にはつながらない。つまり、1+1はどこまでいっても「2」でしかない。これでは、M&Aをやった意味はないに等しく、いわんや買収プレミアムを正当化することは毛頭できないのである。

　以上、日本企業のPMIの取り組みの実態について見てきたが、第2章以降では、具体的にどういった考え方でPMIに取り組んでいくことが最も効果的であるかを解説する。

第 2 章

# PMIの全体像

## 1 M&AプロセスにおけるPMIの位置付け

　ここではまず、M&Aのプロセスの全体像におけるPMIの位置付けについて確認する。なお、一言でM&Aと言っても様々な形態があるが、ここでは最も一般的な、国内外における株式買収を行う際のプロセスに焦点を当てる。また、買収側から見たM&Aプロセスは、買収候補先を調査・選定するプロセスから始まるが、ここでは買収先の選定がある程度進んだ後のプロセスから入ることにする。

### 1 買収対象決定後のM&Aのプロセス

　買収対象が定まった後のM&Aの一般的なプロセスとしては、大きく買収の契約締結前の買収準備・検討段階と買収契約締結後の二つのフェーズに分かれる。買収準備・検討段階は、さらにデューデリジェンスのプロセスと、買収契約書の内容を検討・協議する交渉期間が設けられることが通常である。買収契約締結後は、買収が正式に成立する（クロージング）までの買収完了準備期間と、買収成立後のPost Merger Integration（PMI）の期間と定義される。

　ここで各ステップで一般的に実施される内容を、人事面の観点も含めて簡単に紹介する。

**図表2-1** M&Aのプロセス

　最初のデューデリジェンスのステップの目的は、主に買収価格の算定のための分析や、買収後のPMIにおける様々なリスクを特定し、対応策について検討を行うことである。デューデリジェンスにおいて買収価格に影響するものが確認された場合は、リスク等への対応策を検討するとともに、企業価値・買収価格算定への反映を行う。それ以外のリスクは、買収契約交渉ステップにおいて、当該リスクが顕在化した際に売り主側が責任を持って負担を行うように買収契約書に盛りこむことや、買収後に発生が見こまれる課題の大きさの判断に活用される。仮にリスクが相当程度に大きいと判断される場合には、買収自体を再検討することがある。

## 2 デューデリジェンスで確認すべきこと

　確認すべき項目は四つある。これは皆さんが買い物をする時に考えることと同じような観点である。まずその物を買う際にいくら支払う必要があるか、さらに買う物に瑕疵がないか、買った後にどんな効果があるか、そしてどのように使うのかの四つある。

① **いくらかかる？**

　妥当な買収価格を考えるにあたって、買収価格に影響しうる項目を特定し、企業価値・買収価格算定に反映する必要がある。通常、企業価値・買収価格算定は財務諸表や事業計画における数値を基に計算されるが、これらに表れない未認識の債務や費用が存在する、または将来的に発生する可

**図表2-2　人事デューデリジェンスのポイント**

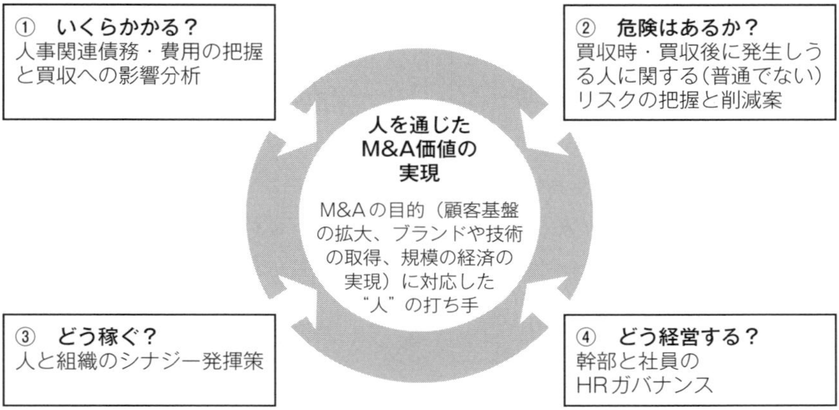

```
① いくらかかる?                    ② 危険はあるか?
人事関連債務・費用の把握          買収時・買収後に発生しう
と買収への影響分析                る人に関する(普通でない)
                                  リスクの把握と削減案

            人を通じた
            M&A価値の
              実現
         M&Aの目的（顧客基盤
         の拡大、ブランドや技術
         の取得、規模の経済の
         実現）に対応した
         "人"の打ち手

③ どう稼ぐ?                       ④ どう経営する?
人と組織のシナジー発揮策          幹部と社員の
                                  HRガバナンス
```

能性がある場合には、これらを適切に反映させていく必要がある。人事の観点では、リスクが大きい典型的な項目として、年金制度や退職金制度等の退職給付債務における未認識部分の存在がある。その他、例えば買収後にリストラクチャリングを予定している場合の関連費用や、（特に新興国で見られる）人件費の高騰の影響、国によって退職者医療給付に対する債務・費用の問題が生じるケースや、優秀な人材のリテンション（引きとめ）を行うためのリテンション費用などが必要となる場合があるため注意が必要である。

② 危険はあるか？

　買収後の事業運営に影響を及ぼす項目を事前に把握し、対応策を講じる必要がある。人事の観点では、例えば買収先の労使関係が芳しくなく、買収後に計画しているリストラクチャリングが想定どおりに進まないリスクや、買収後に優秀な人材が競合他社に引き抜かれて事業運営に支障をきたすこと、買収の形態によっては買収前に使っていた人事制度や人事インフラが使えなくなり（いわゆる「スタンドアローン・イシュー」）、代替策を講じる必要が生じることなどがある。

### ③　どう稼ぐ？

　通常、買収価格の算定にあたっては、公正価値に一定のプレミアムを乗せて決定されるケースが多い。これは買収後のシナジー実現が前提条件となっていると考えられる。シナジーには、調達の一本化など比較的短期間に実現可能なものもあるが、より大きなシナジーの実現には、事業運営プロセスの統合をはじめ、組織や人材を含めて手を付けていくことが必要となる。そして、組織・人材の統合では、新たな組織・業務の設計に始まり、人事制度・人材・企業文化の融合に至るまでの様々な課題が生じる。そのため、実行可能性や実現するためのプロセスや負荷、必要とする期間などを見きわめたうえで、シナジーの算定に反映させておくことが望ましい。

### ④　どう経営する？

　買収後の経営にあたっては、買収ストラクチャーによって様々な形態がありえるが、最もシンプルなケースとして、買収先を子会社としてぶら下げ、時間をかけて融合させていくものがある。これは、日本企業による海外企業の買収時に多く見られるケースだが、ここで問題となるのがガバナンスの論点である。特に海外においては、買収後に日本から新たに経営者を送りこむことが難しいため、既存の経営陣に引き続き経営を任せるケースが多い。その際にどのような役割や権限、報告義務を持たせ、さらにどのように評価し報酬を支払うか、ということを明示しておくことが極めて重要となる。理想的には、これらを買収契約の締結前に決定したうえで、既存の経営陣と一定の合意形成を実現させておくことで、スムーズなPMIにつながる。

　これらの四つの観点は、デューデリジェンスの段階で正しく見きわめ、対策を講じておかなければ、PMIの支障となり、結果として買収の成否に大きな影響を与えるものである。PMIを見すえた検証・検討を行うことが極めて重要である。

## 3 買収完了準備期間での実施事項

　買収契約締結から買収の成立（クロージング）までの買収完了準備期間に実施すべきことは、ディールの性質によって様々である。人事面では、買収先企業の従業員へのコミュニケーションや、買収後の人事施策の運営準備、重要人材のリテンション対策の実行などがある。

　通常、買収契約締結後に対外発表が速やかに実施される。買収先の従業員は、対外発表とほぼ同時に、買収の事実を知ることになるが、将来への不安等から動揺が生じ、一般的には生産性が一時的に低下すると言われる。そのため、可能なかぎり詳しく的確な情報をタイムリーに提供するコミュニケーション戦略が重要となる。なお、これは買収完了準備期間に限らず、買収成立後も随時実施されるべきものである。

　買収後の人事施策の運営準備には、例えば買収先経営陣の報酬制度の詳細設計や、業績連動賞与の目標設定を行うこと、人事諸制度や人事機能のスタンドアローン・イシューが生じる場合の代替制度・機能の構築プロセス等がある。

　重要人材のリテンションについては第3章で詳しく説明するが、重要人材の特定、退職リスク・退職した場合の事業への影響、リテンション策の検討などを踏まえた、対象個人とのコミュニケーションを通じてリテンションを図っていくプロセスが一般的である。

　そして、最後にくるのがPMIである。これは、M&Aのディール・ストラクチャー、あるいは買収の目的、つまり目指すシナジーの種別によっても、そのアプローチは異なったものになる。

# 2　ディール・ストラクチャーに依存するPMI

## 1 三つのディール・ストラクチャー

　買収のストラクチャーには大きく、合併、株式譲渡／取得、そして事業

譲渡／取得がある。厳密には国によって枠組みは様々であるが、ここでは簡略化のため3パターンに集約することとする。

① 合併

　合併は、国内においては新設合併や吸収合併といった手法が用いられ、案件成立後には、（場合によっては一定の猶予期間を経たうえで）事業統合が行われることが前提とされる。この場合、従業員の雇用や労働条件には労働契約承継法が適用され、対象となる従業員の雇用や労働条件については、原則として包括承継される[1]。つまり、転籍に際しての個別の同意取得が必要なく、また労働条件についても従前のものが合併先に引き継がれるため、従業員から見ると大きな変更は行われないこととなる。ただしPMIの実務上は、合併後に従前の労働条件が併存していると統合促進の妨げとなることから、合併の時点、または合併後に速やかに労働条件の統一を図ることが一般的である。労働条件の変更にあたっては、労働協約の改定、就業規則の変更、個別同意の取得等の通常の変更プロセスを踏む必要がある。

**図表2-3　ディール・ストラクチャーごとの特徴**

| | 合併 | 株式譲渡／取得 | 事業譲渡／取得 |
|---|---|---|---|
| 概要 | 新設合併、吸収合併、等 | 株式の取得 | 特定事業の譲渡 |
| 雇用関係 | 労働契約承継法の適用（承継対象者の雇用関係の承継にあたっては原則、個別同意不要） | 買収先企業との雇用関係の維持 | 譲渡先への転籍 |
| 労働条件 | 労働契約承継法の適用（労働条件は原則承継され、変更には通常の変更プロセスが必要） | 買収先企業との雇用関係維持（変更には通常の変更プロセスが必要） | 譲渡先への転籍パッケージを検討する必要（転籍に際し個別同意を取得する場合は、労働条件の変更も含めた同意取得を行うことも可能） |

---

1　主たる業務が承継対象となる事業に属する従業員。

## ② 株式譲渡／取得

　株式譲渡／取得は、株式会社の株式を取得するケースで、最も一般的な形態であろう。会社の所有権が変わるだけであり、従業員の雇用関係や労働条件については、基本的に変更が生じない。ただし、買収対象企業が売り手である親会社のグループ共通の制度の適用を受けていたり、親会社に人事機能を依存している場合、またグループ共通のシェアード・サービスの提供を受けているケースなどでは、売り手である親会社との資本関係の縮小・解消に伴い、それらの制度やサービスの適用ができなくなることがある。そのような場合には、PMIにおいて代替手段の構築が必要となる。

　これはスタンドアローン・イシューと呼ばれるものであり、既存の制度・サービスからの脱退・解消や代替制度の構築・設立に際して追加コストが生じることがある。よって、人事デューデリジェンスで詳細を把握したうえで、買収価格や買収契約への反映のみならず買収完了準備期間からPMIの期間において、必要な対策を行うことが重要である。例えば、売り手企業のグループ年金制度に加入していた場合には、年金制度の脱退に伴い脱退一時金等の拠出が求められることがあるため、買収価格への反映や売り手企業との負担に関する交渉が必要となる。また、脱退後に同等の給付を行うためには新たな制度を構築し、監督官庁への届け出や運営管理機関の選定、設立準備、また必要に応じ資産・債務の移管手続きなどの様々なプロセスが発生する。PMIを通じて、これらの運営を行える体制を整えておかなければならない。なお、スタンドアローン・イシューが生じる制度について、売り手企業がTSA（Transition Service Agreement）によって、買収完了後も一定期間は継続加入や継続サービスの提供を認めるケースがある。TSAについても、買収契約交渉の段階で適切な交渉を行っておくことが重要である。

　さらに新制度の内容と従前の制度からの変更点などについて、対象となる従業員に丁寧に説明を行う、従業員コミュニケーションも必要となる。人事デューデリジェンスから買収完了準備段階において綿密な計画を立て、準備を進めていくことが求められる。

③　事業譲渡／取得

　事業譲渡／取得は、特定の事業のみを買収対象とするケースであり、カーブアウト（切り出し）型の買収とも呼ばれる。このストラクチャーにおいては、事業の資産・債務と合わせて、譲渡対象となる従業員について売り手と買い手の間で合意し、転籍をさせる必要がある。PMIで人事の側面から特に問題となるのが、対象事業に属する従業員の特定と転籍プロセスの二つである。事業部制を敷いているような場合には、ある程度明確に切り分けられるが、その場合であっても、間接部門の従業員については、特定の事業の背番号が振られていないことが一般的である。このような間接部門の従業員も譲渡対象とする際には、個々人が買収対象事業に関わる業務をどの程度行っているか、買収後に買い手企業がどの程度代替できるかなどを総合的に勘案して、検討を行う必要がある。

　もう一つの関門が、対象従業員の転籍同意の取得である。基本的に事業譲渡においては、売り手企業と従業員との間で退職に関する合意、また買い手企業と従業員との間で入社に関する合意を取得する必要があり、そのためには転籍に伴うパッケージの提示を行わなければならない。このパッケージには、売り手企業の退職金の取り扱いや、割増退職金の支給、買い手企業への転籍後の各種労働条件などが該当する。ケース次第では、入社に際してのサインオン・ボーナス（入社ボーナス）や、入社後一定期間の継続勤務を条件としたリテンション・ボーナスを条件に含める場合もある。

　なお、海外の事業譲渡／取得では、国や個別事情によって取り扱いは様々であり、確認が必要である。一般的には、前述の国内のケースと同様の取り扱いとなるが、例えばEU加盟国においては、事業譲渡／取得にあたり主たる業務が対象事業に属する従業員の雇用関係および労働条件は原則として包括的に承継される。一方で、間接部門等について、その主たる業務が必ずしも対象事業に属していない従業員を転籍させる場合は、個別の転籍同意の取得が必要となる。

　いずれにしても従業員の転籍は労使関係上、非常に大きな事案であるため、労働組合、従業員代表や、欧州においてはワークス・カウンシル（労使協議会）といった主体への丁寧な通知・説明や協議が必要となる。特に

欧州においては法規制において通知・説明・協議が（国によっては買収契約を締結する前の実施が）義務付けられていることもあるので、十分に注意しなくてはいけない。

## 2 昨今のディール・ストラクチャーのトレンド

　最近では、欧米企業を中心とした事業の選択・集中の進展に伴い、日本企業による欧米企業からの事業譲渡／取得（カーブアウト）による買収案件が増えている。日本企業による海外企業の買収においては、前述のとおり買収後の一定期間はスタンドアローンの事業として維持・継続し、時間をかけて統合するケースが多い。一方、売り手企業からカーブアウトを行いつつ買収を行うような場合には、対象となる事業の資産・債務と人材を受け入れることになるが、人事制度、年金やその他ベネフィット・プラン（福利厚生制度）、そして人事のオペレーションやインフラが売り手企業に依存しているため、新たに手当てを行わなければいけない。

　対象従業員の受け入れには、大きく2通りの方法がある。一つは対象従業員が居住する国における買い手企業の既存の法人での受け入れ、もう一つは、新たに設立する法人での受け入れである。後者は、その国に既存法人が存在しない場合や、買収した後にスタンドアローンの状態を保つため、あえて独立した法人とする場合に採用されるが、効率性を考慮すると、一定の従業員規模がある際に採用することが現実的である。

　図表2-4は、後者の、新しく法人を設立する場合のプロセスを示している。まず新会社を設立し、その後マネジメント体制を構築して会社の形が整った段階で、対象従業員の転籍を行う。従業員の転籍後に人事のオペレーションが回るよう、人事諸制度、年金制度・ベネフィット・プラン、そして人事オペレーション体制やインフラをあらかじめ整備しておくことが必要である。これら各種制度や人事オペレーション体制、インフラは、売り手企業がこれまで提供してきたものや、買い手企業が別法人で有するものを参考にしつつ、新会社の方針に沿って設計・導入することが有効である。このプロセスでよく問題となる点として、規模の問題がある。例えば、これまで売り手企業が数千人・数万人の従業員のために提供してきた

制度やオペレーション・インフラが、切り出された事業の数十人・数百人の従業員に提供することが、本当にコスト効率性のあるものなのか、といった観点で検証しなければならない。場合によっては別の制度で代替するなど、新会社の身の丈に合った内容を検討することが重要と言える。

このように、カーブアウトを伴う買収においては様々な対応がPMIにおいて必要となるが、欧米企業等からグローバル事業をカーブアウトで買収するケースでは、複数の国で同時並行での作業が発生する。例えば、欧米企業はグローバル共通のグレーディング、評価、インセンティブ制度等を有していることが多く、その場合には複数の国に横串を通して検討する必要性が生じる。さらには、買い手企業としてのグローバル人事のあり方に対して検討が求められることとなるため、広範囲で複雑な作業への対応が不可欠となり、買い手企業にとっても大きな負荷がかかることとなる。デューデリジェンスの段階で、想定されるプロセスや負荷に至るまで検討したうえで、クロージング準備期間からPMIの期間の間で必要なリソースを確保しておくなど、先手を打っておくことが成功の鍵を握る。

以上に見てきたとおり、ディール・ストラクチャーによって、PMIに

**図表2-4** カーブアウト案件の特徴

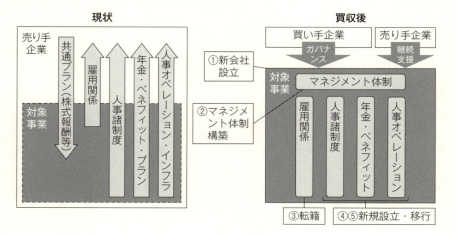

おける作業負荷は大分異なる。Day 1 をスムーズに迎えるためには、十分なPMIプランニングが大事である。

## 3 M&Aの「目的」に応じたPMIのあり方

M&Aの目的、つまり、追求するべきシナジーの種別によっても、キーとなるPMIのドライバーとそれを支える組織体制は異なる。

M&Aで目的としたシナジーの種類によって、どういったPMI上のドライバーが存在するのだろうか。

シナジーには大きく分けて、トップライン（売上げ）の拡大を目的とした、売上げ関連の項目と、ボトムライン（利益）に着目したコスト・サイドの項目という、二つの大きな軸が存在する。

さらに、売上げ関連の項目については、①顧客・マーケット、②サービス・プロダクト、③技術・知財、および④ビジネス機能（生産力など工場設備を含む）の大きく四つのいずれかの獲得を目的としたものに分類される。それらは単独とは限らず、複数のシナジーの組み合わせになっていることも多い。

まず、①顧客・マーケットの獲得を目的としたM&Aは、昨今の日本企

**図表2-5** 買収目的に応じたPMIのドライバー

| 方向 | 目的 | PMIのHRドライバーの例 |
|---|---|---|
| トップラインの拡大 | 顧客・マーケットの獲得 | ・顧客カバレッジの整理と統合<br>・セールス・インセンティブ制度の共通化 |
| | サービス・プロダクトの獲得 | ・プロダクトやブランドごとの再編成<br>・セールス・インセンティブ制度の共通化 |
| | 技術・知財の獲得 | ・キー人材の認知と識別<br>・評価基準とプロセスの差別化 |
| | ビジネス機能の増大 | ・評価基準とプロセスの共通化<br>・教育・トレーニングの共通化<br>・インセンティブ制度の共通化 |
| ボトムラインの改善 | 規模の経済によるコスト削減 | ・重複するインフラ、組織・機能、システムの統合<br>・シェアード・サービスの推進<br>・共通ベネフィット・プランの導入<br>・経営資源の適正化 |

業の海外買収案件の多くの目的となっている。飽和し、成長余力の乏しい国内市場から、海外市場への展開は、業界を問わず、向こう数年は続くものと考えられる。こうした目的のシナジーを実現するためには、海外市場における自社の既存の販売チャネルや顧客カバレッジとの整理と統合、またセールス・インセンティブ制度（営業社員を対象としたインセンティブ報酬のこと）の共通化や生産拠点のスケール化などがドライバーになってくる。

次に、②サービス・プロダクトの獲得を目的とする場合、顧客が重複する場合には、顧客カバレッジの整理・統合が必要になることに加え、グローバル・レベルでのクロス・セリングを展開するための、販売トレーニングやインセンティブ制度などの共通化がキーとなる。

③技術・知財の獲得においては、制度の共通化よりも、むしろ評価・インセンティブなど差別化や人材を見きわめる仕組みが必要となり、スケールメリットを目指したドライバーとは根本的にその扱いは異なる。

④ビジネス機能の獲得・拡充については、スケールメリットを追求するものが多く、コンピテンシーの共有化やプロセスのマニュアル化・共通化、トレーニングやインセンティブ制度の共通化などがキーとなる。また、コスト・サイドのシナジーの追求においても、④と同じくスケールメリットを追求するものであり、業務プロセスの標準化や共通作業の集約化（シェアード・サービスなど）など規模の経済によるコスト低減の実現を目指すことになる。

このように、目的とするシナジー実現に向けてキーとなるドライバーは異なり、またそれを支えるコーポレート・インフラとしての組織運営体制も変わってくる。

特に、上記シナジーをグローバル・レベルで実現する場合の組織運営体制としては、いわゆる組織を構成する普遍的な四つの要素を軸に組織デザインを行う必要がある。つまり、地域軸（北米・欧州・アジア、東日本・西日本など）、機能軸（研究開発、財務、営業など）、サービス・プロダクト軸（商品別、ブランド別など）、そして顧客軸（法人・個人、男・女など）の4軸の組み合わせによるマトリクス組織である。図表2-6は、グロ

**図表2-6　機能統合の組織モデル例**

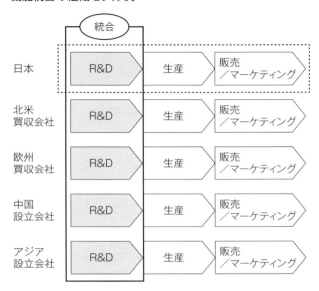

ーバル・レベルでのスケールメリットを出していくうえでの機能軸での統合のイメージ図を示している。

## 4　PMIを考えるフレームワーク
～九つの構成要素～

　ここまで、M&Aのディール・ストラクチャーや目指すシナジーの種別によって、PMIのアプローチが異なることを見てきた。しかし、PMI全体を捉えるフレームワーク自体は、実は普遍的なものであり、九つの構成要素によって成り立っている。換言すれば、ストラクチャーやシナジーの種別によって、これら九つの構成要素に濃淡が表れるということである。

　これらの九つの項目とは、①ガバナンス（Governance）、②報酬（経営者・従業員）（Compensation）、③ベネフィット（退職給付、医療保険、福利厚生制度など）（Benefit）、④タレント（人材マネジメント）（Talent Management）、⑤人事IT（HRIS）、⑥リーダーシップ（Leadership）、⑦企業文化（Corporate Culture）、⑧コミュニケーション（特に、買収先

**図表2-7　PMI全体を捉えるフレームワーク（九つの要素）**

| | | ①ガバナンス | ②報酬（経営者・従業員） | ③ベネフィット（退職給付、医療保険等） | ④タレント（人材マネジメント） | ⑤人事IT（HRIS） | ⑨PMO（Project Management Office） |
|---|---|---|---|---|---|---|---|
| ハード面 | | ・買収対象への責任・権限の委譲<br>・登用（採用・登用・解雇）<br>・報酬（業績指標と評価）<br>・レポーティングの内容、手法<br>・決裁手続き、会議体の運営<br>・投資権限（CAPEX等）<br>・事業再編の判断（M&A、リストラ） | ・構成要素の確認（ベース、短期・長期インセンティブ、リテンション・ボーナス等）<br>・業界水準、ベスト・プラクティスとの比較 | ・退職年金制度、医療保険制度、福利厚生制度などの現状の内容確認<br>・業界水準、ベスト・プラクティスとの比較 | ・人材プールの把握<br>・登用のプロセス<br>・コンピテンシー評価<br>・職務評価（グレーディング） | ・人材マネジメント・システムの活用<br>・TSA（Transition Service Agreement）の活用 | ・ハイレベルな統合プランの策定<br>・PMI全体に関わるガバナンス体制の確立<br>・シナジーの定義付けとトラッキング<br>・ワーク・ストリーム間のコーディネーション<br>・アクション・アイテムの優先順位付け<br>・チェンジ・マネジメントと現場マネジャーへの中長期的な委譲プロセス |
| ソフト面 | | | ⑥リーダーシップ | ⑦企業文化 | ⑧コミュニケーション | | |
| | | | ・新組織に適するリーダーのアセスメントと選定<br>・リテンションの確保<br>・サクセッション・プランの検討 | ・新会社・戦略と整合する仕事のやり方<br>・ギャップ分析とチェンジ・プラン<br>・社員意識調査によるトラッキング | ・M&Aディール全体を通したプラン<br>・エンゲージメントの低下の防止<br>・効果測定と修正 | | |

の従業員向け）(Communication)、である。

　①〜⑤までが、いわゆるハード・イシューと言われるものであり、⑥〜⑧が逆にソフト・イシューになる。これら八つの項目の統合プロセス全体を管理・コントロールするのが、⑨PMO（Project Management Office）の役割であり、PMIに関わる八つの項目それぞれについて、「チェンジ・マネジメント」（変革の実行）を遂行する。

　詳細は第3章において、各項目について解説するが、ここでは少し8項目およびPMOの概略について見ておきたい。

　①のガバナンスは、経営コントロールの枠組みであり、ハード・ソフト面の両面を統括するものである。内容としては、現地経営陣への責任・権限の委譲範囲や、レポーティング（日本本社への報告）の内容、その手法と頻度などが中心となる。日本企業の場合、このガバナンスはとかく、いわゆる"放任主義"か報告・連絡・相談を細かく求める"マイクロ・マネジメント主義"のどちらか両極に振れてしまう傾向が強い点には注意が必

要である。

　現地のことは、日本では結局はわからないから任せればよいという発想も、とにかく心配だから逐次、現地経営陣から日本流の報告を求めるというのも、どちらもうまく機能しない。この中間に案件ごとの正解はあるはずである。

　②報酬（経営者・従業員）（Compensation）、③ベネフィット（退職給付、医療保険、福利厚生制度など）（Benefit）、④タレント（人材マネジメント）（Talent Management）は、人事制度に関わるハード面である。各種プログラム、プロセスおよびそれらを管理するシステムについての評価が必要であり、いわゆる"Side by Side"分析と言われる、自社と買収対象企業、そしてマーケット・プラクティスとの制度比較を行い、統合に際するリスクやコストを踏まえ、方針を決定していく必要がある。

　報酬や退職給付・福利厚生制度などについては、新会社の方針に基づき、事業戦略の実行を担保する仕組みとして導入する必要があり、新会社の戦略と整合する処遇体系（短期・長期、変動・固定など）を検討しなくてはいけない。その際、制度によっては、新規設立などに時間を必要とすることもあり、移行措置の導入の検討が必要となる。

　また、人材マネジメントについては、キー・ポジションにおけるコンピテンシーを理解するとともに、職務評価や人材プールにおけるタレントアセスメントを通じ、必要なタレントの過不足を把握し、登用のプロセス（社内外両方）と仕組みを確立する必要がある。

　⑤人事IT（HRIS）は、いわゆる人事情報システム・インフラに関わる部分であり、例えば、人材マネジメント、勤怠、給与支払いシステムをはじめ、人材の評価、管理などに活用される。こうしたシステム・インフラも前述のカーブアウト案件などでは、別途新会社にて用意されなければ、Day 1を迎えることができない。こうした場合、親会社のシステムを暫定的に使用させてもらう、TSA（Transition Service Agreement）契約を有償にて交渉することになる。

　ソフト・イシューの詳細については、第4章で解説するが、概略を述べたい。PMIの遂行には、経営陣による、強力な⑥リーダーシップが必要

不可欠となる。そのリーダーシップの担い手を特定すること（必ずしも買収対象のCEO／COOとは限らない）、また新会社における新事業戦略の遂行に足る能力をリーダーたちが有しているかどうかアセスメントを行い、足りない部分については育成や代替人材の登用を図ることも必要となる。そうした意味で、リーダーシップ・アセスメントはPMIの初期段階に実施し、その個人の長所、短所やリスクを早期に把握しておくことが重要である。

　また、PMIを牽引するリーダーの離職を防ぎ、さらにモチベーションを高めるための報酬パッケージやリテンション・プラン（非金銭的な内容を含む）も重要である。

　買収対象会社の現経営陣が残留する場合、12か月～24か月程度の期限付きであることが多い。こうした場合は、残存期間という限られた期間において、後任の選定と育成を実施する、いわゆる、サクセッション・プランが実行されることになる。

　⑦企業文化（Corporate Culture）は、PMIプロセス全体に対して最も影響を及ぼす要因であり、この取り扱いの是非が、M&A自体の成否を分けると言っても過言ではない。

　現に、日本に限らず、世界の経営者に対して、過去のM&Aにおいて失敗の原因となった理由を調査したものが、図表2-8である。

　結果を見ると、相容れない企業文化が失敗の要因として最も多くあげられている。その他にも、企業文化に類するものが多く失敗原因として並ぶ。企業文化と聞くと、抽象的でつかみどころのないもの、という印象を抱くことが多いように思うが、企業文化とは、社風といったものではなく、要すれば、その企業なりの「仕事の仕方」である。会議や決裁方法、コミュニケーション手法などもその一例である。例えば、会議であれば、月1回の社長の御前会議という会社もあれば、毎週部長レベル主体のブレスト的会議というものもある。決裁方法についても、ミーティング・口頭ベースという会社もあれば、稟議システムで認印による回覧形式というものもある。どちらが、良いとか悪いというものではなく、どういった仕事のやり方が新会社としての新事業戦略に合致しているかという判断が求められ

**図表2-8** M&Aの失敗原因の多くは、人材マネジメントに関与している

| ランキング | シナジー実現の落とし穴 | 悪影響度 | 人材マネジメントの関与 |
|---|---|---|---|
| 1 | 相容れない企業文化 | 5.60 | 大 |
| 2 | 相手企業に対する管理能力の欠如 | 5.39 | 大 |
| 3 | 変革実行力の欠如 | 5.34 | 中 |
| 4 | シナジーの不在あるいは過大評価 | 5.22 | 小 |
| 5 | 将来事象の予見不足 | 5.14 | 小 |
| 6 | 経営スタイル／自尊心の衝突 | 5.11 | 大 |
| 7 | 過大な買収金額 | 5.00 | 小 |
| 8 | 相手企業の過度な不健全さ | 4.58 | 中 |
| 9 | 過度なスピンオフあるいは清算の必要性 | 4.05 | 小 |
| 10 | 相容れないマーケティング・システム | 4.01 | 小 |

（注）フォーブス500社CFOへの調査。7を最高とする7段階評価、2010年。

る。したがって企業文化とは、社風を合わせるといった抽象的なことではなく、戦略に即して、役職員の考え方・動き方を具体的に定義し、方向付けるものである。

　企業文化の作業手順については、第5章のケーススタディで詳しく解説するが、まず、新会社として望まれる仕事の仕方を特定し、自社あるいは買収対象会社とのギャップを測り理解することから始まる。次にギャップを埋めるための「チェンジ・マネジメント・プラン」を策定し、変革のマイルストーンを設定したうえで、進捗をモニタリングすることになる。その手段として用いられるのが社員意識調査である。これを継続的に定点観測し、望むべく方向に向かっているかモニタリングするのである。

　⑧コミュニケーションについて、ここでのコミュニケーションとは、ステークホルダーの中でも、特に（買収対象）の従業員向けのものを指す。

　通常買収された側の従業員のエンゲージメント・レベルは、M&Aに伴い極端に落ちこみ、相対的にかなり低い状況に陥る。ある意味で避けようのない現象とも言えるが、買収価値を毀損させないためには、PMIを遂行する中で、このリスクに対する対策、つまり、適切なタイミングで、効

果的なコンテンツを買収対象の社員に向けて提示することが必要となる。買収契約が締結された時点で、社員へのメッセージの発信が求められる。その後、クロージング時点、つまり新会社としてのDay 1においては、不安や疑念を払拭するべく十分な内容の伝達が要求される。むろん、その時点において、決まっていないことは、決まっていないとしながらも、いつ決めるのか、どういった基準で判断するのかなど、意思決定の透明なプロセスに基づき伝達していくことが望ましい。その後、100日プラン完了時点などの将来時点までも継続することになるが、大事なのはその効果をモニタリングすることである。社員意識調査などを通して、どう伝わっているかなどを確認し、必要に応じて修正を図っていくことが肝要である。

## 5 プロジェクト・マネジメント・オフィス（PMO）の役割

　PMIでは、複数のワーク・ストリームが同時に走ることになるが、⑨PMO（Project Management Office）は各ワーク・ストリーム間における作業の優先順位付け、チーム間の情報の共有、コミュニケーションや連携の確保など、司令塔的な役割を果たす。つまり、PMIに関わる統合プラン全体の青写真の作成や遂行管理を担う。また、シナジーの進捗管理をPMOが行うことが多く、シナジーの定義付けや、進捗を評価する指標やその頻度の設定、評価への反映などを決定していく。

　通常は、100日プラン完了までは、PMOはフルタイムにて対応するが、それ以降は、現場に委譲していくため、計画的かつ円滑な引き継ぎを実施することも求められる。

　PMIでは、ビジネス、経理・財務、法務、IT等の主要ワーク・ストリームにおいて統合に向けた様々な作業が行われる。統合作業を進めるにあたっては、各ワーク・ストリームにおいて、対象となる両社の実務担当者が情報を出し合って、統合に向けた計画立案から統合作業に至るまで一連のプロセスを進めることになる。このような作業を効率的に進めるため、PMO（または統合分科会）と呼ばれる時限的な会議体が設立され、定期的な会議を通じて統合作業が推進されるのである。

ワーク・ストリームを個別単位で推進していくと、バラツキが生じたり、相互の連携不足による遅れや非効率が生じることが多い。例えば人事ワーク・ストリームにおいて統合の計画を検討するにあたっては、ビジネス側で検討される「事業統合がどの範囲でどの程度行われるのか」といった情報や、法務側で検討されるであろう「統合形態として合併なのか、事業譲渡なのか」等の情報が必要不可欠であり、これらについての意思決定が行われないかぎり人事面の統合の検討を進めることは困難である。そのため、ワーク・ストリームを横断的に統括する全体PMO（またはPMOと区別するためにIntegration Management Office：IMOと呼ぶこともある）を設立し、全体を俯瞰したうえで作業の優先順位付け、チーム間の情報の共有、コミュニケーションや連携の確保などを行い、司令塔的な役割を果たしていく体制を構築することが重要である。シナジーに関しても、そのトラッキングを全体PMOにて行うことが多く、シナジーの定義付け、トラッキング指標やその頻度、報酬への反映などが決定・管理されていく。

　人事PMOでは、報酬関連を取り扱う人事報酬分科会や、退職給付・ベネフィット関連を取り扱う退職給付・ベネフィット分科会、海外人事関連を取り扱う海外人事分科会、といったようにサブ分科会を設けることがある。それぞれの分科会において、統合対象であるA社とB社の担当者が一堂に会し、週に1回等定期的に打ち合わせを行いつつ統合作業を進める。統合にあたっては、非常に細かい事項から、大きな財務インパクトを伴うような内容に至るまで、様々な意思決定を短期間に行わなければならない。迅速なプロセス推進のため、人事分科会やサブ分科会レベルで、どの程度の意思決定を行うべきか、権限のガイドラインを事前に決定することが望ましい。

　意思決定を行うにあたり、両社の主張が折り合わないことも少なくない。とりわけ人事に関わる内容はセンシティブなものが多く、一筋縄ではいかないことも多い。そのような際には、中立的な第三者が間に入り、世の中の動向や同様のケースにおける一般的な対応方法の情報提供等を行うことでスムーズな進行を支援する機能を果たすことが有効である。特に日

**図表 2-9　人事PMO体制の例**

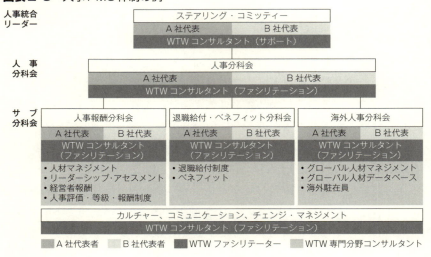

本企業における海外企業買収の場合、現地のマーケット・プラクティス（慣行）を踏まえた意思決定が重要となるため、現地の状況を熟知した第三者の関与について検討が必要だろう。

　一般的に、統合作業は短期間で膨大な作業をこなさなければいけないため、統合作業の経験を有した第三者のリソースをうまく活用することも重要となる。PMOに多大な負荷がかかるケースとして、複数か国にまたがる統合がある。上記の作業が日本国内だけでなく、各国において生じるため、PMOの体制を各国で敷いたうえで、グローバルで横串を通し全体を統括するPMOの役割も極めて重要となる。全体のPMOの意思決定や情報伝達が遅滞すると、各国における統合作業が滞ることとなるため、計画段階における作業量の見積りと人的リソースの確保が成功の鍵を握る。

# 第3章 ハード面（組織、人事諸制度）のPMI

## 1 ガバナンス

### 1 「人材」から見たガバナンス

「ガバナンス」と言っても時と場合、人によってその定義が異なっているが、本書においては、しばしば問題になる日本企業による海外企業の買収というケースを想定しつつ、「人」「人材」に焦点を当てることを前提として図表3-1のような形で定義する[1]。

**図表3-1** 「人材」視点でのガバナンス

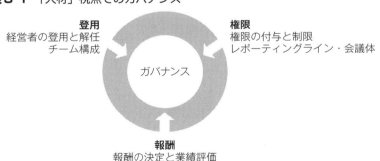

---

1 ここでは、株式保有比率や取締役会の構成メンバーなど、ディール検討の初期時点で定められる事項については言及しない。

各々の要素がいずれも相互に複雑に絡み合っていることから、すべてを包括的に思考する過程が重要であり、様々なディールに共通する一律の回答が存在するわけではない。ここでは、数多くの事例を通じて筆者の気づきを述べることで、読者が自社で検討する際の参考にしていただければと思う。

 **ガバナンスにおける主要論点**

① 登用

　特に買収直後において、どのような経営チームを編成するか、という点は真っ先に議論しなければならない最重要課題である。買収後の事業計画や統合計画に基づき検討されるべきものであるが、この選択は、権限や報酬といった他の事項に与える影響がとりわけ大きい。例えば、本社から派遣された人材が経営チームの主要ポジションを固めることによって、対象会社全体のコントロールを強めるという直接的なアプローチを採用するのであれば、あえて権限や報酬のコントロールを本社側から強める必要は特にないかもしれない。一方で、経営チームは従来の布陣を踏襲しつつ任せていくという手法を採るのであれば、本社側の意向に沿ったマネジメントを実行してもらうための仕掛けが必要になる。これに伴い、権限や報酬などの仕組みをどう構築するかということが課題となる。

　日本企業による海外企業の買収事案では、既存の経営体制が一定程度は維持されるという場合がほとんどである。そのような状況であっても、多少は本社の人材が派遣されるのが一般的であるが、派遣される人材が、買収後という非常に組織の基盤が不安定な環境に適合できるかどうかを事前に十分に検証すべきである。具体的には、担当領域における専門性を有しているかどうか、もう一つは海外の人材や文化を受容し、対話を通じて相互理解につなげることのできる素養を持っているかどうか、という2点が代表的な基準である。

　専門性については、現地の人材から尊敬され、現地の社員がメリットを享受できるだけの水準を満たしていることが条件となろう。よく若手を送りこむケースが見られるが、経験を凌駕するだけの相当の潜在的能力を有

していないかぎり、対象会社にとってはお荷物になる恐れがある。統合作業で負荷が増大している中では、対象会社の社員の意欲をそぐ結果にもなりかねない。

　もう一点の、海外の人材や文化に対する受容性であるが、これは単に語学の問題ではなく、相手の意見を理解したうえで自らの意見も明確に示し、より良い結論に結び付けるべく努力を継続するという、職業人としての基本姿勢を指している。やはり海外経験のない人材が対象会社の経営陣の一角を担う場合などは、相当苦労しているケースが多いように感じる。海外経験を持ち、そうした能力を有していることが実証されている人材を送りこむか、経営層ではなく比較的問題となりにくい非経営層のポジションに送りこむといった方法を模索するのが無難であろう。

　また、当初は既存の経営体制を維持するとしても、統合を進めるにあたっては、対象会社において、自社（買い手）の価値観に合った人材が誰なのか、常に検証すべきである。ここで明らかになった有望な人材について、登用・抜擢を進めるとともに、つなぎとめるための策を講じておかなければならない。なお、人材の選抜にあたっては、客観的な視点での実施が重要であり、そのためのツールを整備しておくことが望ましい（p. 147参照）。

② 権限

　既存の経営体制を維持する場合には、特にどこまでを任せるのか、本社と対象会社との間で十分に明確にする必要がある。どの会社でも有しているであろう権限規定について、対象会社との間で十分な擦り合わせを行ったうえでDay 1もしくはその後にすみやかに適用することが求められる。日本企業が買収する場合、相手を尊重するために、経営は当面任せる旨を対象会社のリーダーなどに伝える事例もよく見かけるが、それをするためには具体的な権限規定を持っておき、存分に采配を振るってもらえる範囲を明確にしておかないと、その後に認識の齟齬によってもめてしまう原因となる。

　上司・部下の関係を規定するレポーティング・ラインや会議体も重要で

ある。権限をどの程度移譲するのかという基本方針の下で、その方針を損ねない形でレポーティング・ラインを設定しなければならない。しばしば日本企業で問題になるのは、レポーティング・ラインが必ずしも明確になされず混乱をきたすケースである。例えば、様々なプロジェクトが実施されている状況で、本社から派遣された上長を見ていればよいのか、本社の統合推進チームのリーダーの指示を仰げばよいのかがわからない中、双方の指示が矛盾していることで物事が前に進まない、といったことがある。明確にレポーティング・ラインを決定したうえで、いったん決めたらそれを徹底的に尊重するのが原則である。

　会議体については、実質的な意思決定をする場として位置付ける以上、それ以外の当事者がそろっていない非公式な場で決定するようなことは避けなければならない。日本人同士でコミュニケーションを取り、事実上の意思決定をしているというのでは話にならない（実際には、まだまだ散見される）。

### ③　報酬

　権限を委譲していく中で、本社の求める期待に沿った形で行動してもらうためのキー・ドライバーが報酬である。報酬の決定権を握っているということでにらみを利かせるということもあるが、インセンティブ報酬の業績目標の設定などを通じて、事業戦略の明確化とその実行までを確実なものにするうえで、報酬は重要な役割を果たすことになる。

　買収した海外子会社の報酬を決定する際にしばしば問題になるのが、子会社の経営者の納得感を担保する意思決定プロセスである。日本の本社や、本社から派遣された経営層などから一方的に評価される仕組みの場合には、日本と海外との間に存在する考え方の違いから、相互不信を招いてしまうこともある。そうした状況を回避する一つの施策として、子会社報酬委員会を設立するという方法がある。委員会のメンバーの選抜に際しては、本社と子会社側から選抜されたメンバーに加えて、公平性・客観性を担保するためにあえて外部の第三者を招聘するという方法を採ることも可能である。

**図表3-2** 報酬委員会を活用する場合のイメージ

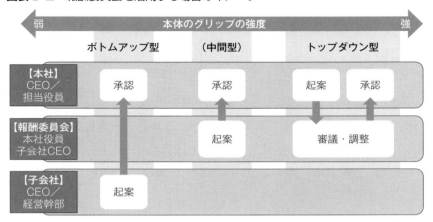

　図表3-2は報酬委員会を活用する場合のフローを示したものである。本社によるコントロールを強めるのであれば、本社が起案した内容を現地子会社報酬委員会で審議してもらう方式（「トップダウン型」）や、現地子会社報酬委員会で起案したものを本社が承認する方式（図表3-2の中間型）が想定されうる。いかに権限を委譲するとしても、本社側が承認する権限だけは留保しておくことが望ましいが、子会社に起案させる方式（「ボトムアップ型」）では、現地側の考えに偏った提案がなされる可能性については常に注意を払っておくことが望ましい。それを見破るだけの技量を本社が持っていることが、この方式を採るうえでの条件となる。

## 2　経営幹部リテンションと経営者報酬

### 1　リテンションと経営者報酬の全体像

#### 1）「必修」としてのリテンション対応

　本節では、日本企業が海外企業を買収するほぼすべての案件で課題となる経営幹部のリテンション（＝人材のつなぎとめ）について論考を進め

る[2]。まず、日本企業による海外企業買収の際の前提として、ほとんどのケースにおいて対象企業の幹部の留任が想定されている。欧米企業による買収のケースにおいても、そうした想定を置くことはもちろん一般に見受けられるが、一方で、買収と同時に自社の経営幹部を対象企業に送りこみ、現任の経営幹部にはお引き取りいただく（＝退職）、ということも決して珍しくない。日本企業が現任幹部の残留を想定するのは、長期雇用が一般的な日本企業として、「解任」といった荒療治に踏み切ることへのためらいもあるだろうし、枢要なポジションであるほど、送りこむべき幹部人材が自社に見当たらない、といった事情があるものと考えられる。いずれにせよ、現任の経営幹部なくしては買収後の企業運営に著しい支障が生じるものと認識されている。

　すなわち、日本企業にとって、経営幹部のリテンションの重要性は非常に高く、実際に、買収時にリテンションを最重要課題の一つと位置付け、何らかの対応を施しているケースが極めて多い。それでは、その試みはうまくいっていると評価されるであろうか。

## 2）日本企業におけるリテンションの状況

　ウイリス・タワーズワトソンが実施したリテンション・サーベイによれば（図表3-3）、リテンションの対象者について、リテンション対象期間満了時に80％超が残留した企業の比率は、日本企業100％、米国企業72％、欧州企業73％となっている。さらに、リテンション期間の1年後では、日本75％、米国42％、欧州44％となっている。この結果を見るかぎり、海外企業に比べると、日本企業はリテンションに成功しているように見受けられる。

　この評価は意外に難しく、実際にリテンションに成功しているとも言える一方で、日本企業の場合には、そもそも人材を退職の決意に導く誘因が海外企業に比べて少ない以上、当たり前の結果であるとも解釈できる。す

---

[2] 国内企業の買収の場合には、経営幹部のリテンションが問題となるケースは必ずしも多くない。人材市場が確立され、経営幹部の転職が日常茶飯で起きている海外と日本における違いが背景にある。

**図表3-3** リテンション策導入後の対象社員の残留の状況

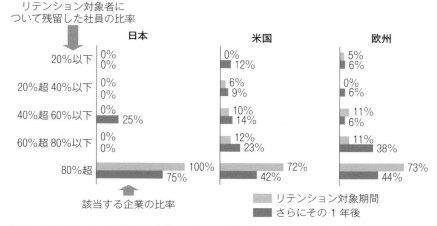

（出所）　ウイリス・タワーズワトソン「グローバルM&Aリテンション・サーベイ」2014年。

なわち、海外企業の場合には、買収直後から自社の方針やポリシーを買収対象企業に適用・展開することも珍しくなく、場合によっては大胆なリストラも辞さない。組織統合などを伴い、限られたポジションをめぐった争いの結果、会社を去っていくという光景も買収案件においてはごく一般的に見られる。一方で、日本企業の場合には、ドラスティックな統合などを行う事案はごく限られており、大半の事案では処遇については「現状維持」を出発点としている。そのため、対象会社の経営幹部にとっては、必ずしもすぐに辞める必要はなく、少なくとも、買収後の組織の状況を見きわめるだけの時間の猶予が与えられている。しばらく様子を見て、自分にとって好ましい環境であれば残ればよいし、そうでないのなら、次の行き先を考えればよいのである。日本企業がリテンション策を講じるというのは、経営幹部を失うことが許されない状況の下、念のための「保険」をかけていると言ってもよいのかもしれない。それに対して、海外企業の場合は、構造改革のような施策も含めて具体的な買収後の運営の青写真を描いている中で、残ってもらいたい人材が明確に特定されている。その人材に対して適切なリテンション策を打っておかないと、買収を青写真どおりに

実行できないリスクが高まることから、リテンション策の緊急性は高いと言ってよい。

　しかし、残留率が高いことをもって、日本企業におけるリテンションは万全に機能していると楽観視すべきではなく、ある程度割り引いて評価すべきである。様々な案件での状況をつぶさに見ていると、急激な退職は見られない一方で、じわじわと幹部が辞めていくケースが散見される。先ほど、日本企業による買収の場合は、幹部はいったん様子を見たうえで、その後の身の振り方を考えることができると言及したが、まさにそのような状況が表れているのである。そして、そうした幹部は、比較的活発に発言するタイプや、場合によっては買収側の事業運営の進め方などに対して遠慮せずに反対意見などを出しているタイプが多いように思われる。買収後、その会社の将来を真剣に考え、本社との間で厳しいコミュニケーションをやり抜き、実行に移していく人材が必要であるにもかかわらず、上記のような状況が実際に発生しているのだとすれば、中長期的に見て会社にとって損失を生んでいると言えるのかもしれない。「実力」を見てつなぎとめるべきところであるのに対して、処しやすいかどうかがマネジメントを進めるうえでの中心軸となってしまっていないかどうか、肝に銘じておくことが求められる。実際に買収を経験された日本企業の皆さんの認識はいかがであろうか。

　もう一つ、リテンションを考えるうえで今一度立ち戻らなければならないのは、単純に人材が残ることがゴールではないということである。買収した会社が成長し、シナジーを生み出していくうえでは、「会社にとって必要な人材」が「長期にわたって」会社にとどまり、PMIの中で「将来の事業戦略の実行に向けて邁進し、結果を出し続けること」を目指すべきゴールとして設定すべきである。これを実現するためには、目指すべき目標を共有し、評価し報いる、という一連のプロセスを中長期的な視点で確保することが不可欠であるが、残念ながら、日本企業においてはこれらの領域における取り組みがやや後手に回っていることは否めない。以下では、買収前後の臨時的なリテンションから、PMIとしての経営者報酬マネジメントに至るまで、議論を進める。

### 3) リテンションと経営者報酬のロードマップ

リテンションや経営者報酬を検討するうえでは、まず全体像を的確に理解しなければならない。M&Aの他の人事課題と異なるのは、買収契約を締結する前の時点から具体的な検討が始まり、そのままDay 1からのPMIのプロセスにつながっていくという点である（図表3-4）。買収契約締結前後における新報酬の提示や雇用契約が、その後に何年にもわたって続くことになる検討の基礎にもなることから、PMIと言ってもよい取り組みが他の検討事項と比べてより早期に開始されることになる。

大きくフェーズを区分すると、デューデリジェンス、買収成立前から買収成立時点（Day 1）まで、そしてDay 1以降となる。買収契約の締結の前後が、枢要を担う限られた経営幹部についてDay 1以降の基本的な条件を定める最初のマイルストーンとなる。引き続き、Day 1までの間に新会社成立以降の準備を進め、Day 1という次のマイルストーンを迎えることとなる。では、具体的にどのようなことを実行していかなければならないのか、それぞれのフェーズについて詳しく見ていく。

## 2　デューデリジェンス段階における初期的検討と分析

### 1) リテンション成功へのデューデリジェンス・フェーズの重要性

リテンションという観点において、このフェーズで達成しなければなら

**図表3-4**　M&Aにおけるリテンションのロードマップ

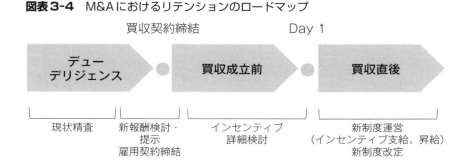

ないことは大きく二つである。一つは、デューデリジェンス全般の目的と同様に、現状を精査し、何らかの潜在的なリスクの有無を洗い出すというものである。例えば、明確な根拠のないままに市場水準を著しく逸脱した報酬を支給している、といったことがある。もう一つの目的は、買収成立後のマネジメント体制の確立に向けて、トップ経営陣の主要な雇用条件を固めて本人と合意するというものである。新たな処遇を検討するうえでは現状の精査が不可欠であることから、これら二つの目的に基づくプロセスは相互に関連しつつ同時並行的に進められることになる。

　PMIという観点から見ても、デューデリジェンス・フェーズは重要である。経営幹部の報酬を決めるにしても、本人にとって有利な変更である場合を除き、買収後段階で大きな変更を実施することは容易ではない。買収前であれば、買収の実現そのものが交渉相手の経営幹部に対して一つの交渉材料になることも多く、その交渉力を盾に報酬の交渉に臨むことが可能になる。いったん買収が成立して以降は、一般の社員と同様に報酬に対する既得権が確立してしまうことから、一部であっても本人にとって不利な内容を受け入れてもらうことが難しくなってしまう。そういった観点からも、経営者報酬やリテンションといった課題については、買収契約締結前の早期の段階から取り組むことが重要なのである。

## ２）リテンション策の検討対象の絞りこみ

　デューデリジェンス・フェーズにおいて、最初に決定しなければならないのはリテンション策の検討の対象である。順序としては、上位階層から順に検討していくことが一般的であるが、とりわけ重要なのは、まずごく少数の経営トップについて検討を開始し、対象者と合意をしてから、順次その下の階層に展開していくということである。例えば、CEOおよびその右腕の2名を当初の対象としたうえで、続いてCEOのその他の部下について検討する、といった具合である。このようにするのは、トップとその他の人材をまとめて検討してしまうと、結局はすべての条件がトップ自身の損得という観点での交渉となってしまい、条件交渉がまとまりにくくなるためである。まずトップについて本人と合意したら、その他のメンバ

**図表3-5** 階層別のリテンション対象者の選別イメージ

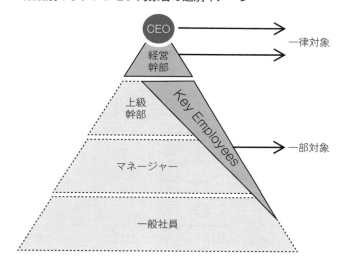

ーの処遇については、トップにはこちら側（買収側）の立場にたってもらったうえで一緒に条件を検討してもらう。さらには、トップに交渉の当事者として対象者の説明などに関与してもらうことも期待できる。

　通常、経営幹部（例えばトップおよびトップの直属の部下）については、経営の一翼を担う重要な人材・役職であるという観点から、一律にリテンション策の検討の対象とされることが多い。それよりも下の階層については、対象会社の状況や買い手側の方針によって判断は異なるが、階層が下になるにつれて徐々にその対象となる人材の比率は減少する（図表3-5）。通常は「会社にとっての重要性」と「退職リスク」とを両にらみで見きわめつつ、リテンション策の要否について個人別に検討することとなる（図表3-6）。言うまでもなく、リテンション策の実行には一定の原資が必要となることから、原資の多寡によって最終的な対象者が決定されることになる。

　ウイリス・タワーズワトソンが実施した調査によれば、日本企業と非日本企業とで、買収実施時のリテンション対象者の選抜方法に違いが見られる（図表3-7）。

**図表3-6** 非経営幹部のリテンション対象者の選別基準のイメージ

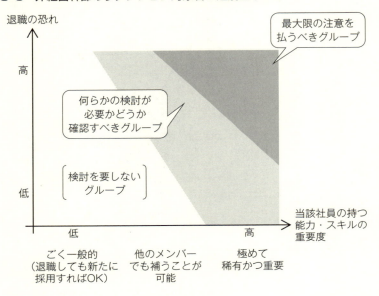

**図表3-7** M&Aにおいてリテンション対象者を選別する基準

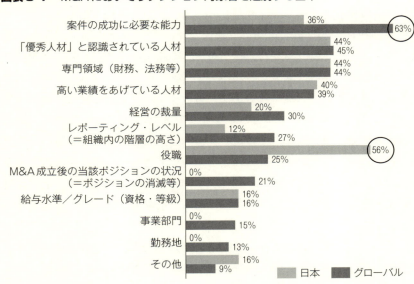

（出所）　ウイリス・タワーズワトソン「グローバルM&Aリテンション・サーベイ」2014年。

日本企業の買収において目立つのは「役職」によって対象者を選抜するというものである。一方、グローバル全体の結果からは、より多くの要素を多面的に較量しながらリテンション対象者を選別していることがうかがえる。この背景にはどのような要因があると考えればよいのだろうか。

　例えば、日本企業による買収の場合は、トップ経営陣はそのまま残留し、現存の組織が維持されることが多いことから、現存の組織やその序列を前提とした「役職」という（ある意味客観的な）基準で選抜が実施されるのが一般的である。また、本調査における日本企業の回答は、主として海外企業の買収を念頭になされたものであるが、そのような事案においては、リテンション策を検討する時点ではなかなか組織や人材の実態がつかみづらいことから、ある程度は外形的な基準を用いざるをえないという事情もあろう。

　一方で、海外企業においては、日本企業とはリテンションの必要性や重要度がそもそも少し異なる面があると考えられる。買収直後に組織改編を実施することも決して珍しくない中で、そのような場合の社員の流出の危険はいやがうえにも増す。かかる状況下、新組織において将来の成長を担う人材を絞りこんでつなぎとめることは、事案を実行するうえでの必須条件となる。「案件の成功に必要な能力」という選抜基準が著しく高い結果となっていることには、こうした背景があるためと推定される。

　ただし、状況は違うとはいえ、海外企業が実施しているような見方を日本企業も参考にすることはできる。そもそも買収などの目的を明確にしたうえで、その実現に向けてどのような人材が必要なのか。この本質的な問いなくして、リテンションを論ずることは本来できないはずであろう。

## ③ デューデリジェンスにおける分析

　リテンション策の主たる検討対象となる経営者について、その処遇体系をつまびらかにすることは、その後のリテンション策の検討の基礎を固めるうえでも、買収事案そのものの潜在的なリスクを見きわめるうえでも、非常に重要なプロセスである。秘匿性の高さから、分析に必要となるデータや情報がなかなか相手方から提供されないことも多いが、こと経営者に

関しては、買収の成功の鍵を握る重要なファクターであることから、粘り強く開示の要求を続けるべきであるし、必要な情報が提供されない場合には事案の撤退も辞さない覚悟で臨まなければならない。

分析は、大きく分けて以下の三つに分類される。
① 報酬水準・ミックス（構成比率）のベンチマーク分析
② 報酬・福利厚生の制度内容の分析
③ 買収に伴うインパクトの精査

① **報酬水準・ミックス（構成比率）のベンチマーク分析**

報酬水準について、市場水準（相場）に照らし合わせて、どのような位置付けにあるかを確認するための分析である。市場に比べて著しく高いという結果になれば、買収後、過剰な財務負担が強いられることが判明するし[3]、一方、低すぎるという場合には、リテンションという観点から潜在的なリスクを抱えていることがわかる（さらに、その後に市場水準並に是正するのであれば、デューデリジェンス時点で前提としている財務計画よりも損益が悪化することになる）。処遇に関わる交渉についての議論を進める際の共通の土台として活用される可能性もあることから、デューデリジェンスにおいて最も重要な分析である。なお、デューデリジェンス・フェーズではまず「現状の組織・役職」に基づく比較分析を実施することが出発点になる。仮に買収後の新たな役職などについて方針が定まっていたとしても、あくまで現状の分析を実施することによって、対象者が現在の組織でどのように遇されているのか、ということを把握することができ、それを今後の報酬立案にも活かすことが可能になる。

正しい分析の結果を導くうえでは、留意すべき点がいくつかある。

[報酬データ・サーベイ]

比較するにあたっては、信頼に足る市場データを用いなければならな

---

3 一方で現報酬に関わる費用負担については、対象会社の現在の損益にも反映されている。その結果としての利益水準さえ確保されていればよいという立場を取るのであれば、過払いを問題視する必要性は低くなる。

い。そのうえで、グローバルに展開する人事コンサルティング・ファームの報酬データであれば、統計的に一貫した手法でデータが集計されていると考えてよいだろう。特に経営層のデータについては、コンサルティング・ファームによってデータの厚みに大きな違いが存在することもあるため、事前に確認しておくとよい。

とりわけ注意すべきは、海外各地域のローカル企業が出している報酬データである。集計対象などが必ずしも明らかにされていない場合も多く、こうしたものの使用には慎重を期すべきである。

[マッチング]

比較に際しては、比較したいポジションについて正しく市場データとの突合を行うことが必要になる。すなわち、市場データ上で分類されているポジションを、対象者が担っている職責の実態を考慮して抽出しなければならず、単に役職の名称のみで決定してはならない。例えば、「(独立会社の) CEO」という役職名であったとしても、実態としては「子会社トップ」であれば、「子会社トップ」というポジションの市場データを参照すべき、ということになる。不適切な形で分析がなされている場合には、その大半の原因はこのマッチングの箇所で何らかの間違いが生じている。

比較の際、しばしば「同業と比較したい」という要望をいただくことがある。しかしながら、統計的に意味のある結果を導き出すべく、十分なデータ・サンプルを確保するうえでは、必ずしも業界で絞りこむことが適切とは限らない。業界で絞りこむと、データが少なくなり、特定個社の報酬水準に左右されてしまう恐れが増してしまうからである。そもそも、業界によって明白に報酬水準が異なっているケースは、地域を問わず限られており、金融業界と製薬業界がその代表的な例である。これら以外の業界であれば、通常は、すべての業界を含んだデータと比較することが推奨される。業界よりもむしろ、市場の相場をより決定づける「職責」のマッチングを的確に行うことや、経営トップクラスであれば比較対象企業の規模を考慮に入れた比較を重視することを優先するべきである[4,5]。

## ② 報酬・福利厚生の制度内容の分析

　個人別の報酬水準に加えて、報酬や福利厚生の制度内容までを網羅的に把握することで処遇体系の全貌をつかむことができる。これらの情報を得るうえでは、社内規定・ガイドラインなどの資料の収集も試みるべきではあるが、なかなか要領を得た資料が見つからないことが多い。そのため、資料を通じた調査に加えて、これらを理解している然るべき人物へのインタビューが有効である。インタビュー対象者としては、人事部門のトップであったり、場合によってはCEOということもある。

　また、先進国の上場企業を買収する場合などには、開示データを通じた分析も有効である。米国や欧州では、経営者報酬については開示規制が相当進んでいて、報酬制度の概要はある程度この分析でつかむことが可能である。開示対象は各国の規制によって異なるが、報酬水準も一定程度は開示されている。注意しなければならないのは、そこに記載されている内容がどのように現地のプラクティスと比べて一般的なのかがわからないと、あまり意味がないことである。また、臨時的に支給されている報酬などがあった場合は、そうしたものは適切に区分したうえで分析することが必要であるが、これを見きわめるのは経験・知識がないと難しい。膨大な注釈を丹念に読みこんで初めて状況を的確につかむことができるというケースも多いことから、可能なかぎりこのような分析は各地域の専門家に任せたほうが無難である。

　制度の分析に際して、主にチェックすべきポイントを以下に列挙する。

### (ⅰ) 報酬の方針

　①で明らかにされるのは実態としての報酬水準の現状であるが、それだ

---

4　当初のリテンション策を検討する際は、相場水準を見きわめることがベンチマークの主目的であることから、結論として著しい水準差が生じるとは限らない業界別分析は必ずしも推奨されないが、買収後にベンチマーク分析を行う際には、市場水準の見きわめという視点に加え、対象者にとっての納得感という観点から、業界別分析も組み合わせた分析に一定の意義を見出すことが可能である。

5　一般に、経営トップクラスの報酬水準は、属する組織の売上高規模と相関していることが多い。

けでは不十分である。報酬の水準一つを取ってみても、どのような条件の下で支給されるのかということがわからないと、その報酬水準が過剰であるのか不足しているのかが判定できない。例えば、一見して報酬水準が高額に見える場合であっても、その大部分が業績に連動するインセンティブで占められていて、かつインセンティブはかなり困難な目標を達成した場合にのみ支給される、という条件になっていたとすれば、必ずしも甘すぎる報酬体系であるとは言えない。また、方針が明確に定められているものの、過去の経緯に基づき個別に対応しているというケースもあるだろう。その場合には、将来的な対処の要否やその方法が、制度そのものを変更する場合とは異なってくる。いずれにせよ、制度を正しく理解するためには、どのような基本方針の下で制度が構築されているのか、ということを合わせて把握する必要がある。

(ⅱ) 年次インセンティブ（賞与）

インセンティブ報酬は、報酬体系の特徴を決定づける、極めて重要な要素である。そのうち、年次インセンティブとは、評価期間が1年間の報酬を指す。ここで分析すべきは、業績評価の基準となる指標や、どのように支給額が変動するか、その算定式の内容などである（「インセンティブ・カーブ」と呼ばれる）。

「リスクの洗出し」という観点からは、インセンティブ・カーブについて十分な確認が必要である。例えば、目標達成時に支給される額を100とした時、目標を超過した場合に青天井に支給される算定式になっていたり、上限があるとしても、通常のプラクティスが200であるところ、400～500など、大きく逸脱するようなものになっていないか、といった点に留意が必要である。また、本来は業績に連動するはずであるにもかかわらず、実際には「固定部分」が含まれていて、実態としては基本報酬として機能している、といったものもよく見られるケースである。

制度の実態をより的確に把握するためには、実際にどのような形で支給されているのか、過去の支給実績を洗い出すことも有効である。一見すると一般的な指標やインセンティブ・カーブであったとしても、容易に達成

できる目標を設定し、毎年基準を大きく上回る年次インセンティブが支給されるというのが典型的なケースである。このような場合は、実質的な「オーバー・ペイ」（過剰報酬）の状態が生じている恐れがある。

(ⅲ) 長期インセンティブ

　日本ではあまりなじみのないかもしれない長期インセンティブであるが、海外、特に先進国では経営者報酬のうち相当部分を占める重要な報酬要素である。この長期インセンティブは、評価期間が1年を超える報酬を指しており、ストックオプションや現物株式付与などの株式報酬は、権利が確定する、いわゆる「ベスティング」までに複数年間の待機が必要であることから、長期インセンティブに区分される。一方で、1年の業績を評価したうえで、支給が1年後から2年後にわたって繰り延べられる、といった報酬は年次インセンティブとして分類される。

　長期インセンティブを理解するためには、まずどのような器（「ビークル」）があるのかという予備知識が必要である。典型的なものには以下のようなものがある（図表3-8）。分析にあたっては、対象の長期インセンティブの制度内容を仔細に読みこんだうえで、どのような制度であるのかを理解しなければならない。

**図表3-8　長期インセンティブの類型**

|  | パフォーマンス・シェア | 譲渡制限付株式・ユニット | ストックオプション | パフォーマンス・キャッシュ |
|---|---|---|---|---|
| 内容 | ・複数年（例：3年）の目標の達成を条件に株式を付与<br>・付与される株式数は業績によって変動 | ・複数年（例：3年）の譲渡制限が付された株式（もしくは仮想のユニット）を付与<br>・譲渡制限が解除された段階で売却可能 | ・ストックオプションの付与時点の時価で将来株式を購入することのできる権利を付与<br>・通常複数年（例：3年）の権利行使待機期間を設定 | ・複数年（例：3年）の業績達成度に応じてキャッシュ・ボーナスを支給 |
| 支給方法 | 株式 | 株式（場合によってはキャッシュ） | 株式 | キャッシュ |

（注）　p.73の図表3-22も参照されたい。

長期インセンティブの分析は専門家にとっても難しい。それにはいくつかの理由がある。
　第一に、単純に1年間を取り出して分析するだけでは十分ではないケースがほとんどであるためである。複数年にわたって維持されることが前提であるため、過去の付与実績を丹念に洗い出し、その法則を見きわめられるかどうかが勝負である。例えば、3年おきに付与されているような仕組みの場合には、直近の1年間だけを見ていると、長期インセンティブは「ない」といった結論になりかねない。
　特に米国では、複数の制度を用いているケースも珍しくないが、複数年にわたって複数の仕組みを分析することは相当骨の折れる作業であることを覚悟しなければならない。図表3-9は、日本企業による買収案件の際に、対象となった米国非上場企業が持っていた長期インセンティブの一覧である。ここまでくると、全体像を把握するだけで一苦労である。
　二つ目は、ストックオプションなどの株式報酬の場合、水準の見きわめが難しいという点である。上場企業の場合は、会計上のルールに従って、長期インセンティブについても費用認識が求められる。一般に、この費用が報酬額の算定においても活用されている。一方で、非上場企業の場合

**図表3-9**　米国非上場企業が多数の長期インセンティブ制度を持っていた事例

| プラン | 付与方法 |
|---|---|
| A-1 | 譲渡制限付株式 |
| A-2 | ストックオプション |
| B-1 | ストックオプション |
| B-2 | ストックオプション |
| B-3 | ストックオプション |
| C | ストックオプション |
| D | 譲渡制限付株式 |
| E | ストックオプション |
| F | ストックオプション |
| G-1 | 譲渡制限付株式ユニット |
| G-2 | 譲渡制限付株式ユニット |

は、そもそも市場で取引されている株価が存在しないことから、株式報酬がどの程度の価値があるのかということが判別しにくく、何らかの前提を置いて確認するほかなく、事案ごとに固有の判断が求められる。

**(ⅳ) 福利厚生**

　福利厚生は、一般社員に適用されているものが経営層にも適用されていることが多い。一方で、経営層を対象とした特別な福利厚生（一般にPerquisiteと呼ばれる）が提供されているケースがある。Perquisiteには、自動車・飛行機、住宅、特別年金・健康保険などがあげられる。Perquisiteも含めて、福利厚生の内容は地域によって大きく違いがあることから、現地のプラクティスとの比較の下での検証が欠かせない。

**③　買収に伴うインパクトの精査**

　買収などに伴い、経営権の交代が生じることをChange-in-Control（CIC、もしくはChange-of-Control（COC））と呼ぶ。人事領域においては、CICとなる事象が発生することによって注意すべきことが二つある。

**(ⅰ) セベランス・ペイ（Severance Pay）**

　セベランス・ペイとは、いわゆる解雇手当（解雇に伴う割増退職金）である。会社都合の事由によって退職に至った場合には、会社側が何らかの補償をするというものである。ゴールデン・パラシュート（Golden Parachute）と呼ばれることもある。買収時に問題になるのは、CICを契機とした退職の場合には、通常よりもセベランス・ペイが上乗せされる点である。例えば米国のCEOクラスの場合にはセベランス・ペイによる支給額が、報酬の2年～3年程度相当額にのぼるなど、買収価格決定上見過ごすことのできない水準に達することも珍しくない。一般に、経営陣はM&Aなどのケースで雇用を失うリスクが高いことから、従業員層に比べて手厚いセベランス・ペイが用意されていることが多い。

　デューデリジェンスでチェックすべきは、セベランス・ペイの支給事由の内容と、事由ごとに想定される支給水準である。どのような場合に退職

**図表3-10　米国における退職事由の分類**

| 退職事由 | セベランス・ペイの支給 |
|---|---|
| 会社都合による解雇（相応の事由に伴う自発的退職を含む）<br>Termination Without Cause/Good Reason | 対象となるケースあり |
| 自己都合退職<br>Voluntary Resignation | 対象外 |
| 懲戒解雇<br>Termination for Cause | 対象外 |
| 障害、死亡<br>Disability/Death | 対象となるケースあり |

するとセベランス・ペイを会社が払わなければならないのか、ということは通常雇用契約やセベランス・ペイに関する契約書に規定されている。以下は米国における一般的な分類である。

よく使われる分類として"Single Trigger"と"Double Trigger"がある。Single Triggerは、CICが成立しさえすれば、退職事由のいかんを問わず（自己都合含む）セベランス・ペイの支給を行う、というもので、対象者にとっては有利な取り扱いである。一方で、CIC成立に加え、会社都合によって一定期間内に退職した場合にのみセベランス・ペイを支給する、というのがDouble Triggerである。

雇用契約などにおいて、それぞれの支給事由について詳細に規定されていることも多く、事前の十分な確認が必要である。逆に規定が曖昧で、かつ買収後に解雇などを想定している場合は、解雇に伴うリスクをあらかじめ把握しておかなければならない。すぐれて法的な問題であることから、いずれの場合であっても弁護士に早期に相談しておくことが望ましい。

しばしば問題になるのは会社都合の一つとして捉えられる"Good Reason"（「相当の事由」の意）による退職である。これは、自発的ではあるものの、会社側の事情により余儀なくされた退職と認められたものを指している。例えば、従来よりも権限が縮小した場合や、処遇が本人にとって不利な条件に変更された場合などが典型的な事由である。特に買収後は、何らかの組織改編がやむなく起きることも少なくないが、そうした場合に思いがけずGood Reasonを主張される可能性があり、細心の注意が必要である。

(ⅱ) 長期インセンティブ

既に付与されている長期インセンティブのうち、権利確定前／支給前のものについて、CICを契機として権利確定（ベスティング）や支給が前倒しになることがある。例えば、付与済の譲渡制限株について、1年後にならないと譲渡制限が解除されない状況であったにもかかわらず、CICによって譲渡制限が前倒しで解除され（acceleration）、本人が株式を売却することにより多額の報酬を手にする、といったような事例がこれに該当する。これが問題になるのは、特に経営層の場合、CICに伴って莫大な報酬を手にする可能性があるからである。これに伴い、金銭的な観点から会社に残留する意欲が削がれ、退職するリスクが増すことが想定される。また、その後のリテンションなどの報酬を検討するうえでも、CIC成立時に手にする報酬額が一つの参考情報となる可能性があることもあり、金額の確認は欠かせない。セベランス・ペイと同様に、長期インセンティブについても、ベスティングが前倒しされる条件は契約や規定によって異なっており、こちらについても合わせて把握しておく必要がある。

## 3 リテンション策の実行

### 1 買収実行に向けたリテンション策の検討

一般的には、買収契約締結前後において、経営層の処遇を定めた雇用契約、あるいはそれと同等のものを締結することになる。買収後の安定的な経営を確実なものとするためには、買収契約締結までに経営層の残留を確実なものとしておくことが不可欠となるためである。

リテンションが課題となるのは、通常、経営層が退職するリスクが買収に伴って著しく増大するためである。前述したCICによる巨額報酬の獲得、買収発表に伴うヘッドハンターからの転職の誘い、買収後の大きな変化を前にした本人の不安の増大などが代表的である。また、セベランス・ペイの支給条件が、買収成立のみを前提とするSingle Triggerの場合は、とりわけ注意が必要である。自己都合退職であってもセベランス・ペイが得られることから、非常に危険な状態といってよいだろう。

このように、退職リスクが増大する要素はあげてもきりがないが、実際には、退職の決断は複数の要因が複雑に絡み合ったうえでの結果である。ひるがえって、何が退職を踏みとどまらせるのか、ということも同様に多様である（図表3-11）。

　リテンションを検討するうえで難しいのは、その鍵を握る本人の真意をつかむことが容易ではないことである。裏返せば、その真意に近づくほど、より的確なリテンション策を実行できるということであり、そのための努力を重ねることがリテンション策を検討するうえでの最重要原則となる。そうした観点から、リテンションの対象とする経営幹部との接触を数多く持つことは重要である。私たちが関与するプロジェクトでは多くの場合に、買収検討側のチームと協力してインタビューの実施を行い、本人の意向を把握することに努めている。買収後の処遇について当事者同士で率直に話すことが効果的であることもあれば、コンサルタントのような第三者のみが話を聞くことで本音を話してもらえることもある。ケースごとにどのような形がよいか、慎重な判断が求められる。

　リテンション策を検討する際に重要なのは、買収後の組織の青写真と、その中での対象者が担う役割のイメージを固めることである。これらを対象となる経営幹部に誠意を持って伝えないかぎり、その経営幹部が高い意欲を持って新たな組織を牽引することはままならない。世界各国のコンサルタントと話している中でしばしば指摘されるのは、日本企業が新たな組

**図表3-11　リテンション・リスクとリテンション策**

| 退職を決断する理由 | 退職を踏みとどまらせる要素<br>→リテンション策検討の基礎 |
|---|---|
| ・CIC後の巨額報酬の獲得に伴う勤労意欲の減退<br>・買収後の経営<br>・処遇に対する不安<br>・親会社に対する不信感<br>・他社・ヘッド・ハンターからの誘い<br>・セベランス・ペイの受給期待（Single Triggerの場合） | ・役職の保証<br>・新組織での自身の権限・裁量<br>・新組織のビジョン・展望<br>・金銭的処遇<br>・組織に対する愛着<br>・新たな親会社に対する信頼 |

織のビジョンや戦略について示す内容が、必ずしも豊富とは言えない、というものである。具体的な将来像の下でキャリアを考えたいというニーズを持っている経営幹部にとって、リテンション上はこれがややマイナスに働いている。日本企業の場合、買収後の経営を任せる、身分を保証する、といった本人に対するコミュニケーションは確かに万全であるものの、どのように組織を改革していくのかといった話題のディスカッションにおいてはやや消極的なきらいがあるのかもしれず、今後の課題であろう。

**【報酬面におけるリテンション策】**

報酬面から検討する際のリテンションの全体像は図表3-12のようなものになる。最低限①、②を充足したうえで、③を検討することになる。

① **買収前と同等の処遇の維持**

通常買収契約などにおいて、経営層に限らず社員全般について、少なくとも買収後の一定期間は買収前と同等の処遇を維持することが規定されることが多い。その規定に基づき、基本報酬や賞与基準額[6]、手当などは維持されることになる。しばしば問題が生じるのは長期インセンティブである。先に述べたとおり、CICに伴って株式報酬の権利が確定し、報酬として払い出されてしまうことにより、いったん制度が清算される形になる。その「空洞」を新会社が埋めなければならないのである。しかしながら、

**図表3-12** 買収後のリテンション策の全体像

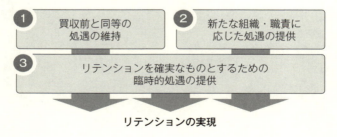

---
6 賞与基準額：目標を達成したときに支給される額。ターゲット額ともいう。

買収前とは状況が異なっており、買収前の制度をそのまま導入すればよいというわけにはいかないケースが大半である。例えば、上場企業が買収に伴って非上場化された場合は、上場企業であった時と同じように買収後も株式報酬を活用することは、通常は困難である。また、買収前の株主が投資ファンドで、一定期間保有後の株式売却を前提としている場合、買収時に経営陣が多額の報酬を得られるように、大量の株式報酬を付与し、買収に向けたインセンティブを喚起しようとしていることがよくある。しかしながら、事業会社が長期保有を前提として買収した場合は、同じような形で株式報酬を付与するわけにはいかない。買収後の事業計画などを前提に、新たな長期インセンティブ制度をゼロ・ベースで構築しなければならなくなる。

もう一つ問題となるのが、長期インセンティブの水準である。特に非上場企業で株式報酬が付与されていた場合には、その株式報酬をどのように評価するかが難題である。付与時点では市場原理に基づく公正価値が存在していない一方、CICによって手にする価値は膨大な額にのぼることも少なくなく、これを「既得権」とすることには無理が生じる。過去のものをオプション算定モデルなどを通じて計算するか、一定の前提を置いて計算するか、選択が必要となる。なお、買収契約においては、買収時点における処遇の維持が条件とされていることが一般的であるが、長期インセンティブについては、その対象から外されることも多い。買収後の長期インセンティブをどのように構築するかという論点については、この後の節で詳しく論じる。

② 新たな組織・職責に応じた処遇の提供

買収に伴い組織が改編されたり、その人物の担う役割が変わったりした時には、報酬についても見直しが必要となる。通常は、新たな職責に基づき報酬ベンチマーキングを行って市場水準を確認し、当該人物の報酬水準を決定することになる。職責が拡大するケースであれば通常は報酬も増額されることから、比較的前向きな形でコミュニケーションを進めることが可能である。厄介なのは、買収に伴って職責が縮小する場合である。例え

ば、上場企業が非上場化し、買い手企業の子会社となった場合は、「本社／親会社→子会社」「上場企業→非上場企業」となることによって、特にCEOやCFOの役割が実質的に縮小することが多い。例えば、資金調達が親会社を通じてなされることになった場合は、それに関わる役割が消滅するし、非上場化に伴い、IRに関わる責任も担わなくてすむようになる。

　このような場合、新たな役割に基づき本来の市場水準を確認するとしても、実際にどのように報酬水準を決定すればよいのか、という論点は残る。この役割の縮小は本人の責に帰すべき事由によって起きたものではないから、従来の報酬水準を踏襲するという方法がまず考えられる。日本企業の場合には、ほとんどのケースでこの方法が選択されているようである。欧米企業で報酬ポリシーに基づき厳格な管理を行っている場合は、報酬水準の引き下げを条件として残留してもらうか、さもなくば退職という道を選んでもらうか、本人への選択を迫るケースもゼロではない。この場合、多くは「退職」という結果になるようである。セベランス・ペイの取決めが存在する場合、その内容によっては、このようなポリシーを実行するにあたり、セベランス・ペイの割増分を支払う覚悟が必要になる。

　このほか、建設的な方法として、従来とは異なる別の役割を検討し、報酬水準が維持されるよう配慮する、というやり方もある。ただ、買収契約前で情報が不足したり、検討する時間が限られている状況だと、こうした方法を検討することは現実的には難しいだろう。

③　リテンションを確実なものとするための臨時的処遇の検討

　つなぎとめたい経営幹部について、非金銭面の方策を講じたうえでもなお退職リスクが払拭できない場合には、金銭面で何らかの手立てを講じなければならない。

　まず、①、②に基づき策定しようとしている報酬を適用した場合に、何らかの「隙」がないかどうかを確認する。例えば、CICに伴って株式報酬が払い出された場合で、新報酬案に長期インセンティブを組みこむことにしたとしよう。その長期インセンティブの最初の支給時期（あるいはベスティングと呼ばれる権利確定時期）が3年後だったとしたら、買収時点か

ら3年後まで、空白の期間が生じることになる。この空白の期間を埋めるものとして、何らかの報酬を支払う、という考え方が成り立つ。

　また、特にこのような空白期間が生じないとしても、経営幹部の視点で見ると、今後の処遇について不安を覚えるかもしれず、退職リスクは高いと考えられるのであれば、手を打っておきたい、ということもあろう。

　これらのような状況の下で臨時的に支払うのがいわゆる「リテンション・ボーナス」である。リテンション・ボーナスはあくまで臨時的な支給であり、通常のボーナスのように毎年払う類のものではない。また、支払うかどうかは、退職リスクと自社にとってその人材の必要性をどう見きわめるか、各社の経営判断次第ということになる。支払わなければならない類のものではないことから、ある意味「保険」のようなものと考えればよいかもしれない。一定のコストを前もって負担することにより、確実な将来を守るということである。

【リテンション・ボーナスの設計】

　リテンション・ボーナスは、いくつかの要素に基づき設計される。既に述べた対象者の選定に加えて、支給時期、支給金額の決定方法、支給形態があげられる。

［支給時期］

　図表3-13のとおり、取決めを交わしてから1年後〜2年後までの間に支給するのが一般的である。支給する側としては、できるだけ先の時点で支払うことにしておきたいが、受け手である経営者は、遠い将来であればあるほどありがたみは薄れ、リテンション効果が失われる。

　支払いまでの期間は、その人材の重要度とその人材に期待する内容の特性、リテンション・ボーナスの額の大きさなどによって決定することが望ましい。例えば経営層については、その人材に「中長期にわたって采配を振るってもらいたい」のか、「買収後の不安定な時期を支えるために一時的には残ってもらいたい」のか、という判断によってその期間を調整するという考え方がある。前者であれば2年以上といった長期にわたる支給期

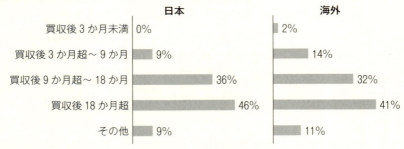

**図表3-13** リテンション・ボーナスの支給時期

（出所） ウイリス・タワーズワトソン「グローバルM&Aリテンション・サーベイ」2014年。

間とし、後者であれば6か月もしくは1年といった具合である。また、経営幹部でない人材については、臨時報酬の額も経営幹部に比べれば「それなり」の額にとどまることが見こまれる中で、長期にわたる分割払いの条件を示したとしても、1回あたりの支給額が小さくなり、本人にとっての魅力が薄れる可能性が高い。少額なのであれば、「短期」に「1回」で支給する方式とするのが定石である。

[リテンション・ボーナスの支給金額の決定方法]

　業績や評価を反映させるか、あらかじめ決めた金額を固定的に支払うか、2通りある。以下はそのデータである（図表3-14）。

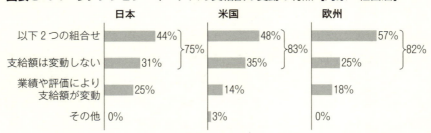

**図表3-14** リテンション・ボーナスの支給額の変動の有無【対象：経営層】

（注）　「日本」「米国」「欧州」は、回答企業の本社を指している（例えば、日本企業が米国企業の経営者に対してリテンション・ボーナスを支給する場合は「日本」として集計されている）。

（出所）　ウイリス・タワーズワトソン「グローバルM&Aリテンション・サーベイ」2014年。

一般論として、リテンション・ボーナスは、買収に際して会社や対象者自身の処遇の先行きが見通すことができない中で、その不安を和らげるために支給する類のものである。したがって、在籍すること以外には支給の条件を定めず、固定的に支給するほうが高いリテンション効果が期待できる。実際に、固定額のリテンション・ボーナスは広く活用されており、変動させる方式と組み合わせているケースを含めると、7割以上のケースで固定額のリテンション・ボーナスを支給されている。このデータからもう一つわかるのが、日本と海外の考え方の違いである。わずかな差ではあるものの、日本企業の場合は業績に連動させる形態のものが比較的好まれる一方で、海外企業においては固定報酬がより活用されている。
　このような地域別の違いが生じている理由であるが、欧米企業の場合には、買収に伴ってただちに大きな改革や組織再編・統合を実施することが多く、経営者の不安に対応するために固定的なリテンション・ボーナスを支給する必要性が高いことが考えられる。もう一つは日本の経営陣の視点から見た時、（自らの報酬水準との対比という意味においても）相当高額の報酬を業績に連動しない形で保証することに対する抵抗感があることが理由として推定される。

　ここで、リテンション・ボーナスを業績によって変動する場合の注意点について触れておきたい。先に述べたとおり、そもそも業績などの見通しが見えにくい状況で、業績達成に著しく依拠したリテンション・ボーナスでは、目的のリテンションが達成できない恐れがある。したがって、変動要素を組みこむとしても、リテンションを確かなものとするだけの水準を固定額で確保したうえで、限定的に（＝「上乗せ」のように）導入する方式が考えられる。また、評価の方法についても、達成可能性が低い業績目標にしてしまうと、リテンションの効果が期待できないことから、本人が達成を目指す意欲を維持できる程度の難易度に設定しなければならない。
　仮にデューデリジェンスの時点で対象会社から提示された事業計画があるとしても、その活用には慎重になるべきである。対象会社が自ら策定したものである以上、責任を持つべきという見方にも一定の理はあるもの

の、デューデリジェンス時に策定された事業計画が様々な要因によって思いどおりに進捗しないケースは枚挙にいとまがない。買収前に示された事業計画の活用を検討する場合には、ある程度(特に下方に)ぶれることを覚悟したうえで、その採用の是非を検討し、設計に反映することが望ましい。また、仮に業績などによって変動する方式を選択した場合も、何らかの環境の変化などが起こった時の取り扱いについても明確にしておく必要がある。例えば、2008年のリーマンショックのようなことが起きたらどうするのか。算定式どおりに対応するだけでは、支給がゼロとなってしまい、リテンションがおぼつかない恐れがある。起きる事象を事前に予測することはできない以上、経営陣や報酬委員会が裁量の下で決定する旨を明記しておき、ある程度柔軟に対応する余地を残す方法が考えられる。

[リテンション・ボーナスにおける成功要因]

　最後に、リテンション・ボーナスがその効果を発揮するうえでは、どの

**図表3-15**　リテンションの成功率とリテンション・ボーナスの設計内容

| リテンションに影響を与えると見られる要素 | リテンションの成功比率（買収後1年経過時点） ||
|---|---|---|
| | 高い（残留率60%以上） | 低い（残留率40%以下） |
| M&A事案の成功を実現するうえで、必要な能力を有する社員を支給対象としているか | 73%が支給対象 | 33%が支給対象 |
| リテンション対象者の選抜における、買収対象企業の経営陣の意向を反映しているか | 66%が反映 | 27%が反映 |
| リテンション対象者の選抜において、職務記述書や階層などを基に決定しているか | ・28%が職務記述書に基づき決定<br>・36%が階層に基づき決定 | ・58%が職務記述書に基づき決定<br>・67%が階層に基づき決定 |
| リテンション対象者の選抜において、対象企業の経営陣の裁量を許容しているか | 32%が裁量あり | 8%が裁量あり |
| リテンション・ボーナスをキャッシュで支給しているか | 80%（経営陣） | 50%（経営陣） |
| より高額のリテンション・ボーナスを支給しているか | 対基本給60%（経営陣） | 対基本給35%（経営陣） |

(出所)　ウイリス・タワーズワトソン「グローバルM&Aリテンション・サーベイ」2014年。

ような要因が重要となるのか。図表3-15は、グローバルの集計結果から、リテンションに成功している企業とそうでない企業に区分したうえで、それぞれのグループのリテンション・ボーナスの設計内容を分析し、特に違いが見られた項目を抽出したものである。

　水準を高額にすることが効果を発揮するのは言わずもがなといったところであるが、M&A事案の目的を明確化したうえで対象者を選抜することや、対象会社の経営陣の情報に基づいて決定することなどが有用であるとの結果になっている。日本企業がリテンション・ボーナスを設計するうえでも参考になるのではないかと思われる。

**【雇用契約の締結】**

　リテンション策の内容が固まったら、その内容を契約に落としこみ、本人と合意しておく必要がある。この内容が十分でない場合には、後々本人との間でもめることになり、場合によっては弁護士を交えての熾烈な交渉事に発展するケースも決して珍しくない。

　雇用契約を締結するタイミングは必ずしも一様ではないが、買収契約前後から買収成立（Day 1）までに締結されることが一般的である。買い手側にとってみれば、雇用契約は買収の成否を握る経営陣のリテンションにも関わることであるから、可能なかぎり早期の締結が望ましい。しかしながら、諸事情によって雇用契約の締結が難しいことも多い[7]。そうした場合には「Term Sheet」と呼ばれる、基本的な雇用条件をまとめたものを取り交わすことで、双方の意思を確認しつつ、然るべき時期が来た時点で改めて正式な雇用契約を締結することがある。Term Sheetのフォーマットは事案ごとに異なるが、具体的な報酬水準額や支給の条件について簡潔な形で記されている（図表3-16はTerm Sheetのイメージ）。本人にTerm Sheetの内容を確認してもらった際には、確認した意思を明確にするために本人にサインしてもらうことも多い。

---

[7] 例えば、上場企業の買収の場合は、Fiduciary Dutyの観点から買収契約締結前の経営者との雇用契約締結は一般に難しい。

**図表3-16** Term Sheetのイメージ

COMPENSATION TERM SHEET FOR MR. TOWERS WATSON
SUMMARY

| Items | Current | New |
|---|---|---|
| Position Title | CFO | CEO |
| Annual Base Salary | $500,000 | $600,000 |
| Target Annual Bonus | $250,000 | $300,000 |
| Target Total Cash Compensation | $750,000 | $900,000 |
| Target Long-term Incentives | $250,000 | $300,000 |
| Target Total Direct Compensation | $1,000,000 | $1,200,000 |
| Retention Bonus | n/a | $300,000 |
| Total (incl. retention bonus) | $1,000,000 | $1,500,000 |

DETAILS OF COMPENSATION ITEMS

| Item | Current | New |
|---|---|---|
| Effective Date | • NA | • April 1st, 2016 |
| Responsibility | • CFO | • CEO |
| Annual Bonus | • Target amount to be paid if net income goal is achieved | • Target amount to be paid if net income goal is achieved |
| Long-term Incentives | • Target amount to be paid if net income goal for 2013-2015 is achieved | • Target amount to be paid if net income goal for 2016-2018 is achieved |
| Retention Awards | | • Payable upon completion of continuous service of 18 months after the date of Closing |

## 4  PMIにおける経営者報酬の中長期的な運営

### 1) 買収後の経営者報酬制度の運営

　リテンション策が無事に導入され、対象となる重要人材が会社にとどまってくれた後も、事業の運営と同時並行で、報酬制度の運用を行っていかなければならない。特に海外の経営者報酬については、現地の慣行を理解していないかぎり適切な運用は望むべくもない。そこで、以下では海外の

経営者報酬プラクティスを概観する。このような知識は、デューデリジェンスで現状を把握する際にも有用なものである。

**【海外の経営者報酬プラクティス】**

　ここでは、①報酬水準・ミックス（構成比率）、②インセンティブ制度、③福利厚生、の3点について、日本との違いを意識しながら述べる。

① 報酬水準・ミックス

　図表3-17は、売上高が10億米ドル（1米ドル＝120円とすると1,200億円程度）の企業のCEOの報酬水準を示したデータである。

　ビジネスや企業がグローバル化しているといっても、報酬の相場が依然として国によって大きく異なっていることは歴然としている。日本は総額が100万ドル（約1.2億円）を大きく割りこむ一方で、米国は300万ドル（約3.6億円）に達している。欧州各国が米国に続く中、アジアからはシンガポールも上位陣の一角を占めている。

　日本・米国・英国の3か国について、売上高規模1兆円以上の大企業について報酬水準の違いを示したのが図表3-18である。総報酬（TDC）に

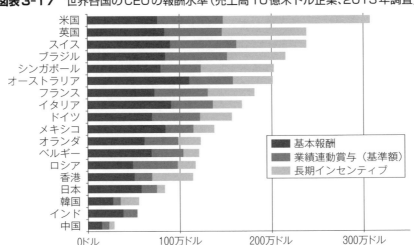

**図表3-17** 世界各国のCEOの報酬水準（売上高10億米ドル企業、2013年調査）

**図表3-18** 日本・米国・英国の売上高1兆円以上企業のCEO報酬比較

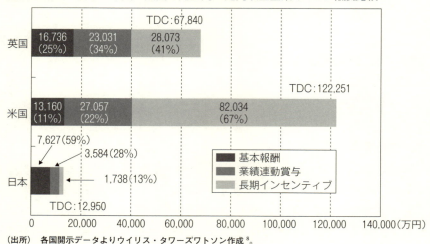

（出所）　各国開示データよりウイリス・タワーズワトソン作成[8]。

　ついて、日本の水準に対して米国の水準は10倍弱、英国の水準は5倍近くに達している。
　これらのデータからわかることは、総報酬額の違いもさることながら、その構成要素における違いが際立っていることである。このデータは基本報酬、年次インセンティブ（＝賞与）、長期インセンティブの三つの要素から構成されているが、基本報酬の水準を比較すると、実はそれほど各国間で大きな差はない。総報酬額の格差は、年次インセンティブおよび長期インセンティブによるところが大きい。例えば米国では、長期インセンティブは全体の報酬額の半分を占めており、総報酬額が高額となっている大

---

8　米国：Fortune 500のうち売上高1兆円以上の企業255社の中央値〔出所：2014年委任状説明書〕
　英国：FT UK 500のうち売上高1兆円以上の企業33社（金融等を除く）の中央値〔出所：直近のアニュアルレポート〕
　日本：総額は時価総額上位100社のうち売上高等1兆円以上の企業72社の連結報酬等の中央値。内訳（割合）は連結報酬等開示企業（異常値を除く）50社の平均値を使用して算出。
　長期インセンティブには退職慰労金単年度を含む〔出所：有価証券報告書〕
　※円換算レートは2014年平均TTM（1ドル＝105.85円、1ポンド＝174.21円）

きな要因となっている。すなわち、高額に見える欧米の報酬水準は、インセンティブ報酬が想定どおりに支払われた場合の金額を示しているのである。

報酬額もさることながら、報酬の構成が海外と日本で著しく異なることはどのような意味を持つのであろうか。一般的には、日本のような固定報酬がかなりの部分を占める報酬体系においては、より高い業績をあげようという動機付けが弱くなり、一方で、欧米のように変動報酬が大部分を占める場合は、変動報酬の獲得を目指して、業績の達成に対してコミットする傾向が強くなる、とされる。しかしながら、それでは日本の経営者の報酬の業績連動比率を引き上げればよいではないか、という議論になるのだろうか。

仮に業績連動比率を引き上げようとした時、現行報酬総額を維持する前提にしてしまうと、確実にもらえる固定報酬が目減りしてしまい、本人のモチベーションはむしろ下がってしまうことから、この選択肢は現実的ではない。したがって、報酬水準の上昇を伴った形で業績連動比率の引き上げを考えざるをえないであろう。

それでは、報酬水準は、欧米と同じ水準にまで「引き上げるべき」「引き上げざるをえない」のであろうか。そもそも経営者報酬の狙いは端的に言って、①経営者を本気にさせること、②経営者を正しい方向に向かわせること、の二つである。①の観点から、報酬水準が「十分」であることは必要条件ではあるが、「十分」であるかどうかは本人がどのように感じるか次第であり、その基準はあくまで相対的なものにすぎない。つまり、本人が様々なものと比較したうえで納得できるかどうか、ということである。その比較の基準となる主要な要素の一つが市場水準であるが、日本におけるそれが諸外国に比べて低位にあるかぎり、本人が必要と感じる報酬水準も、諸外国に比べれば低い水準に落ち着く可能性が高い。諸外国の水準にまで日本の経営者の報酬を根拠なく引き上げることは、過剰な報酬を支払うリスクを伴うと言える。日本においては、自社の置かれた状況を勘案しつつ、目指す成長を実現した時に株主にもたらされるリターンも考慮したうえで、現時点で自社にとって最適な報酬水準を設定すべきである。

一方で留意すべきは、海外においては変動報酬が大きな比率を占めていることから、インセンティブ報酬の設計が報酬制度の成否を決定づけるということである。経営者本人にとってもインセンティブの支給額がどのようになるかによって著しく金額が変わる以上、インセンティブ制度や目標設定に対する海外の経営者の意気ごみが日本人のそれと違うのは当然の帰結と言えるだろう。

② **インセンティブ報酬**

一般に、インセンティブ報酬はその評価期間に応じて年次インセンティブ（賞与）と長期インセンティブの二つに区分される。基本報酬も含めた全体像は図表3-19のようになる。

年次インセンティブは文字どおり、毎年1年間を評価期間としてその達成度や利益額などをもとに報酬を支払う仕組みを指す。実は、この年次インセンティブの仕組みについては国による相違はそれほど大きくはなく、概ねどの地域においても、年初に目標を定めたうえで、期末に評価を実施し、その達成度に応じて支給額を決定する、といった仕組みが一般的である。

長期インセンティブと年次インセンティブの違いは、評価期間を複数年度とするかどうか、という点である。評価期間を複数年度とするキャッシュボーナスや、権利行使まで複数年の待機を要するストックオプションなどは、いずれも長期インセンティブに分類される。なお、評価期間が1年であるが、キャッシュでなく株式で支給される仕組みや、支給時期を繰り延べて支払う方式などは、いずれも評価期間が1年であることから、年次

**図表3-19**　経営者報酬の体系

| 固定報酬 | 変動報酬 | |
|---|---|---|
| 基本報酬 | 年次インセンティブ（賞与） | 長期インセンティブ |
| 毎月支給される固定報酬 | 評価期間1年以内の業績連動報酬 | 評価期間1年超の業績連動報酬 |
| 「日々の生活」 | 「当座の成果の還元」 | 「成功の証」「財産形成」 |

インセンティブとして分類されることになる。

【年次インセンティブ制度の運用】

年次インセンティブ制度の性格を決定づけるのは、主として、①基本設計、②業績指標・評価基準、③インセンティブ・カーブ、の3点である。

① **基本設計**

賞与の基本形態には二つある（図表3-20）。プロフィット・シェアリング型は利益に対する係数をあらかじめ決定しておき、実際の利益が確定した段階で総原資が決定される。その総原資を個人別評価などに応じて分配するというとてもシンプルな方式である。一方ターゲット型は、あらかじめ目標達成時の金額を個人別に決定しておき、期初に定められた目標の達成度に応じて支給額を決定するという方式である。

日本と同様に、海外において一般的なのはターゲット型である。例えば日本企業が買収した場合などは、目標設定という過程を経る中で相互に目指す方向性を議論し合意につなげられることから、ターゲット型を採用することに一定の理があると言えよう。プロフィット・シェアリング型は、事業特性上業績に著しい変動が想定される場合など、適切な目標設定や評

**図表3-20** 賞与の類型：プロフィット・シェアリング型 vs ターゲット型

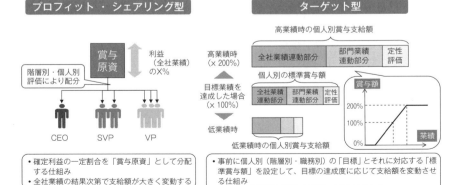

第3章　ハード面（組織、人事諸制度）のPMI

価が困難な場合に用いられることがある。M&Aでは、買収対象会社において従前からプロフィット・シェアリング型が採用されていた場合で、総原資を計算する算定式（＝利益に乗じる係数）が著しく大きいというケースが散見される。プロフィット・シェアリング型を採用している場合は、常に過去の利益と支給額の関係を慎重に検証したうえで、プロフィット・シェアリング型の継続の是非と、継続する場合は算定式の調整の必要がないかどうか、検証する必要がある。

② **業績指標・評価基準**

　年次インセンティブ制度の検討のうえで最も重要と言える論点は、目標とする業績指標の選択である。業績指標設定にあたっては、「事業戦略と整合」（Alignment）し、「対象者が自らの意思決定や行動によって結果に影響を与えられる」（Line-of-sight）指標を選択するのが原則である。

　Alignmentの観点からは、買い手側の連結ベースで採用しているものや、対象会社の事業特性に応じたもの（対象会社が従来より採用しているもの）などから最適なものを選択する、というのが議論の出発点となる。事業計画などで重視されている指標がまずは最有力候補となろう。海外事業・子会社であれば、グループ間取引の有無やそれに伴う移転価格税制の影響なども考慮したうえでの選択が求められることも多い。

　一方、Line-of-sightについては、仮に経営上の判断を行ったとしても、その結果がインセンティブ制度で評価対象とする業績指標に影響しないのであれば、インセンティブとしての効果が限定されてしまう。対象者に期待される職責から最適な指標を抽出する必要がある。

　いずれの観点についても関係するものとして、「グローバル連結」「対象会社（連結）」「（対象会社内の）部門」のいずれを評価単位とするのか、という論点がある。単位が広いほど「全体最適」（＝連結という視点からのAlignment）が実現されるものの、Line-of-sightという側面からはインセンティブ効果を削ぐ恐れがある。一方で細分化するほどに自らの部門のことを優先する「サイロ化」の懸念が生じることになる。各々のメリット・デメリットをもとに最適な組み合わせを検討しなければならない[9]。

なお、経営層の場合には、その担うべき職責を鑑み、相当程度の部分を財務指標での評価とすべきというのが原則である。財務指標でない場合であっても極力、事前に定量的な目標を設定し、客観的な評価ができる形としておくことが望ましい。目標を事前に設定しない方式を組みこむ場合は、全体に占める割合を低くとどめておくべきである。

③　インセンティブ・カーブ
　評価すべき指標が決まったら、どのように変動するかを決定する。図表3-21は財務業績の評価を行う際の算定式をグラフ化したものである。
　ここでの論点としては、①上限・下限を設けるかどうか、②業績目標をどの水準に設定するか、の2点がある。これらを検討することにより、枠組みの全体を特徴づけるカーブの傾きが決定されることになる。
　まず上限・下限の設定について、無尽蔵な払出しを抑制するうえでは、少なくとも経営層については一般に上限を設定することが望ましいとされ

**図表3-21　インセンティブ・カーブのイメージ**

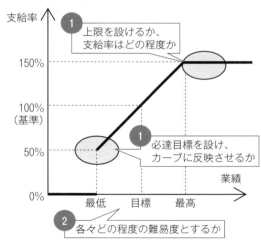

---

9　例えば、海外子会社の役員が対象の時、グローバル連結業績に対する視点を持たせる一方で、自らの職責を確実に果たすのを求めるのであれば、「グローバル全社：海外子会社：担当部門＝20：40：40」にする、といった具合である。

る。いわゆるコミッション制の対象となるような営業社員の場合は、上限を設けないことがより大きな成果の達成を促すという側面があり、一定の意義もあろうが、経営層の場合は、より高額の支給を目指して不適切な行動を取るリスクを払拭するのは難しい。また、上限値を設定したとしても、著しく高い支給額としてしまうと、結局上限がないのと同じような結果になってしまうので注意が必要である。

　下限については、必達目標（図表3-21では「最低」の業績の場合）の達成を強く促す場合、その目標を達成した時点から支給を発生させる方法がよく用いられる（＝達成しなければ支給はゼロ）。

　また、横軸の目標水準の設定であるが、先述のとおり、まずは事業計画などと結び付いた目標水準を設定することが第一である。インセンティブ制度としての効果を発揮するうえでは「難しすぎず容易すぎない」程度の目標の設定が理想である。自社の事業計画や予算の設定の考え方に応じて、それらがインセンティブ制度上の目標としても適切と言えるかどうかを検証しなければならない。場合によっては予算値とは異なる目標を設定すべきということもあろう。

　図表3-21でいう業績の「最低」「最高」については、過度に幅が狭すぎると、目標を超えた場合に急激に支給額が上昇し、不適切な行動を誘引しかねない恐れがあることと、逆に、目標を達成できないとすぐに支給額ゼロとなってしまうことから、意欲を削いでしまうという懸念が生じる。一方で広すぎると、成果を出すと否とにかかわらず支給額がさほど変動しないことから、経営者の意欲を喚起する効果が損なわれてしまう。支給額の設定と合わせて適切なさじ加減が求められる。

## 【長期インセンティブ制度の運用】

　長期インセンティブについても、年次インセンティブの業績指標のところで取り上げたとおり、「Alignment」「Line-of-sight」といった原則を念頭に置いた検討が効果的である。長期インセンティブについてはさらに、リテンションという観点も忘れてはならない。支給時期が年次インセンティブに比べてより先の時点となる長期インセンティブでは、その支給時期

の特性上リテンションのためのツールとして用いやすいし、実際に欧米各国の長期インセンティブ制度における重要な目的の一つとなっている。

図表3-22は、海外子会社の長期インセンティブ制度の検討において一般に候補となるビークル（器）を一覧表にまとめたものである。

① 評価の対象：グローバル連結vs対象会社

まず選択すべきは、業績等の評価対象として、対象会社とグローバル連結のいずれとするか、という点である。

日本企業の場合、コーポレートガバナンス強化の流れが定着しつつあるところ、株式報酬を中心とした長期インセンティブの普及がようやく本格化し始めたという段階である。そうした中で、海外子会社の経営層に対してグローバル連結の企業価値などに連動した長期インセンティブ（例えば本社株式付与など）を検討する時、それでは本社の長期インセンティブをどうするのか、という論点について整理しておく必要がある。本社役員に対して長期インセンティブが一切付与されていない状況の下で、海外子会社の経営層に対して本社株価に連動する長期インセンティブを付与する、というのは画竜点睛を欠くと言わざるをえない。こうしたことから、本社株価などに連動する長期インセンティブを、海外子会社の経営幹部に付与

**図表3-22** 長期インセンティブの類型

| 評価対象 | | 類型 | 支給形態 | 支給方法 |
|---|---|---|---|---|
| 対象会社 | 企業価値・株価連動 | フル・バリュー型 | 株式 | 株式付与（譲渡制限付株式・ユニット） |
| | | | キャッシュ | ファントムストック |
| | | オプション型（株価上昇益の還元） | オプション（株式） | ストックオプション |
| | | | キャッシュ | ストック・アプリーシエーション・ライト（SAR） |
| | 業績連動 | | 株式 | パフォーマンス・シェア |
| | | | キャッシュ | パフォーマンス・キャッシュ |
| グローバル連結 | | | | |

（注） p.50の図表3-8も参照されたい。

することは時期尚早という見方は、多くの日本企業において説得力を持つものと考えられる。いずれ、長期インセンティブについて本社・子会社を問わずグローバル共通の枠組みの下で検討することになった段階において、本社株式などの活用が視野に入るはずである。

　逆の見方をすれば、既に本社においても相当程度に本社株式を用いた株式報酬が積極的に活用されているという企業においては、その株式報酬を海外もしくはグローバルに展開すべきかどうか、という観点から議論を進めるべきであろう。

　なお、企業価値・株価ではなく、グローバル連結業績などに連動させる方式についても論点は同様であるが、全体最適の視点を促すことを狙いに海外子会社役員などに導入する場合には、先の年次インセンティブの項で述べた「Line-of-sight」に十分な配慮のうえ、全体に占める比率も含めて決定することが必要である。

② 評価の枠組み：企業価値・株価vs財務業績

　対象会社を評価対象とする時、企業価値・株価と財務業績のいずれと連動させるべきか。実際には、非上場子会社である限り、企業価値・株価に連動する方式が適合するケースは限られている。

　その理由は、企業価値・株価などの算定の困難さにある。買収した海外子会社において、上場を維持していなければ、その対象会社の株価は事実上存在していない。したがって独自に企業価値を算定するプロセスが必要となる。しかしながら、この算定には様々な前提を置く必要があり[10]、その前提について本社・子会社の様々な関係者の合意を醸成するのは容易なことではない。こうしたことから、対象会社の企業価値や株価と連動する方式を採用する合理性は、ほとんどのケースにおいて見いだされないであろう。しかし、買収した子会社について、将来上場や売却などの「イグジット」を具体的に計画している場合は話は別である。上場時に大きなキャピタルゲインを得られるストックオプションなどの仕組みを導入しておく

---

10　さらに、客観性を担保するために第三者機関に算定してもらうことも多く、算定コストの出費が妥当なものであるかどうかという点についても確認が必要である。

ことによって、イグジットに向けた意欲の喚起を促すことが可能となる。この場合のストックオプションなどは非常に強力に機能するが、あくまでもイグジットが実現すれば、の話である。イグジットが想定よりも先に延びてしまったり、イグジットそのものの計画が流れてしまった場合には、対象者の意欲が著しく減退することは避けられず、その回復に向けた施策を検討しなければならなくなる。一般にイグジット時におけるキャピタルゲインは相当の額にのぼることが想定されることから、それに見合う代替策を考案するのは難題である。したがって、ストックオプションなどの仕組みを導入する際には、イグジットの計画の実現可能性について十分に確認したうえで実行に移すべきである。

### ③ 評価期間の設定：オーバーラップvs非オーバーラップ

複数年を評価期間とする長期インセンティブでは、どのように評価期間を重ねるかということが論点となる（図表3-23）。

図表3-23の「オーバーラップあり」の方式では、評価期間3年の長期インセンティブが毎年開始され、3年経過以降毎年支給される。一方で「オーバーラップなし」の方式では、当初3年の評価期間が満了してから次のサイクルが開始される。「オーバーラップあり」の特徴としては、毎年新たなサイクルが開始されることから、様々な環境や事業戦略の変化が

**図表3-23** オーバーラップの有無

あったとしても、その都度対応できるという利点がある。また、安定的なリテンション効果も見こむことができる。一方で、毎年目標を設定しなければならないことから、そのような財務管理を行っていない企業においては、この方式を取ることのハードルは相応に高いはずである。

「オーバーラップなし」の方式の場合、多くの日本企業が持つ中期経営計画などと整合させることが容易である。一方で、そもそも3年後の目標を適切に設定することが難しい中で、評価期間開始後まもなく業績の見通しが立たなくなった場合などは、その後長きにわたりインセンティブやリテンションの効果が失われてしまう。また、支給が行われた場合には、その次の支給が3年後とかなり先になってしまうことから、支給直後に退職を決意する社員が続出する恐れがないかどうか、支給時には十分な確認が必要である。場合によっては追加的なリテンション策を余儀なくされる可能性もある。

### ④ 業績指標とインセンティブ・カーブ

業績指標とインセンティブ・カーブにおいて、基本的な考え方は年次インセンティブの項で述べたとおりである。論点としては、業績指標の選択にあたり、年次インセンティブの指標とどうバランスをさせるのか、ということがある。年次インセンティブと同じ指標を活用するのであれば、向かうべき方向性はかなりシンプルに明確化される一方で、特定の指標にフォーカスしすぎることによる弊害が生じないようにしなければならない。まず、短期と中長期の戦略を明確化したうえで、年次インセンティブと長期インセンティブで異なる指標を使う方式も含めて、それぞれにどのように指標を割り当てるのかという検討が求められる。

もう一点留意すべき点として、評価期間が長期であることに伴う配慮の必要性がある。目標の妥当性の確保が困難な中で、年次インセンティブに比べてある程度目標がぶれることを前提とした目標の設定が必要である。多少目標を超過しても（もしくは下回っても）、著しく支給額が増加する（減少する）ような算定式は避けるべきであり、カーブの形状としてはなだらかなものを設定しておくことをお薦めする。

**【昇給・報酬水準の管理】**

　様々な検討を経ていったん買収時点の報酬水準を固めたとしても、その後も引き続き適切な報酬水準管理が重要であるのは論を待たない。日本と異なり、海外では経営層であっても年次昇給が一般的である。年次昇給率の決定にあたっては、「市場における一般的な年次昇給率（およびその背景となる経済指標）」「市場の相場に対する報酬水準の位置付け」「対象者の能力や業績」などをもとにした総合的な判断が求められる。

## 2） グローバル経営者報酬ガバナンス

　ここまでは、特定の企業を買収した場合の経営者報酬に関わる論点について概観してきたが、今後の日本企業のさらなるグローバル化を考えると、このような個別的アプローチでは早晩限界がくることは目に見えている。ここでは、各国最適からグローバル最適を実現するうえでの視点を紹介しつつ、経営者報酬においてどのような具体的な論点が生じるのかを論じることとする。

　図表3-24は、グローバル化に伴って組織形態、事業や地域の権限のあり方、そして経営層の現地化などを表したものである。

　既にグローバル展開を実現している日本企業の場合には、その多くは段階2から段階3に移りつつあるような状況ではないだろうか。段階3に近づけば近づくほど、組織の指示系統は地域や事業といった枠を超え、より複雑なものになっていく。また、海外における現地登用も進み、それらの人材をどのように管理するのかが課題となる。

　事業や組織についてグローバル化の進展が続く中、日本企業における経営者報酬の運用の状況はどのようなものであろうか。図表3-25にあるとおり、ガバナンスという観点から、各地域の経営陣の現地化とともに本社による関与は徐々に強まっている。とはいえ、制度内容は各国別に定められている場合がほとんどであり、実際の運用においても、これまでの各国における経緯などを受けて個別に運用されているのが実態である。

　しかしながら、さらなる経営の現地化とそれと並行して進むグローバル統合が必至と見られる状況の中では、本社が全体最適という視点で各地域

**図表3-24　グローバル化に伴う組織と経営層の変容**

|  | 段階1<br>輸出中心の<br>「国際化」 | 段階2<br>現地化を中心とした<br>グローバル化 | 段階3<br>経営面での<br>グローバル化進展 |
|---|---|---|---|
| グローバル事業<br>の運営形態 | ・強い地域軸 | ・地域と事業のマトリックス型組織に | ・マトリックス型は維持<br>・「グローバル統合」<br>「地域別対応」の最適化 |
| 「事業」と<br>「地域」の権限 | ・各地域・国の<br>トップに強い権限 | ・各地域・国のトップ<br>だけではなく、事業<br>トップも強い権限 | ・地域・事業「分権」と<br>全社「集権」の組み合<br>わせ |
| 海外拠点の<br>経営層 | ・日本人駐在員中心 | ・現地化の進展 | ・(国籍問わず)グロー<br>バル・リーダーの出現 |

日本の多くのグローバル企業が迎えている「過渡期」

▲ 日本人中心
▲ 外国人中心

　　　　　　　　　本社 海外 海外　　　本社 海外 海外　　　本社 海外 海外
　　　　　　　　　　　A社 B社　　　　　　A社 B社　　　　　　A社 B社
　　　　　　　　　　　　　　　　　　　　　　　　　　　　人材の交流

**図表3-25　日本企業における経営者報酬のグローバル化の状況**

| 報酬制度の枠組み | 報酬制度の運用・管理 |
|---|---|
| ・地域別の報酬制度<br>・一部の企業において長期インセンティブのグローバル共通化が実施 | ・各国経営層の報酬について本社による把握は進んでいる<br>・本社の関与度は、企業によってまだら模様。現地の意向が反映される色彩が強い |

事業・組織のグローバル化の
さらなる進展

経営者報酬における
グローバル統合の余地

のマネジメントを強化していくのであれば、経営者報酬の統合がより重要な課題となろう。その理由には、「①国境にとらわれないマネジメントの実現」、「②グローバル最適への目線合わせ」、「③国際間異動への対応」、「④M&Aの活発な活用」、「⑤グローバル企業としての公平性」などがある。

① 国境にとらわれないマネジメントの実現
　上司や部下が違う国にいるといった現象が増えれば増えるほど、地域によって異なる報酬制度での運用には限界がある。少なくとも、業績評価や目標管理の仕組みについては統一しておかないと、誰が誰を評価するのか、といったことすら明確にならない。

② グローバル最適への目線合わせ
　個別最適（のみ）を促すインセンティブ制度では、必ずしもグローバル最適につながらない恐れがある。仮に自己の組織の業績を犠牲にしてもグローバル連結の業績にプラスに働くのであれば、そのような行動が報われるような仕組みを整備しておく必要がある。これを実現するには、グローバル連結業績などに連動する報酬の導入や、定性的にそのような行動を奨励する（リーダーへの登用の際に評価するなど）といった方法があるが、いずれ、何らかの形で報酬面での対応も必要になろう。一方でインセンティブの項で触れた「Line-of-sight」を担保するという観点からは、担当部門・所属会社の業績に連動する部分を一定程度確保しておかなければならない。

③ 国際間異動への対応
　日本企業の場合、日本人に限って言えば、長い歴史の中で構築された駐在員規定があり、かつ、日本本社の人事制度が適用されるという明確なルールが存在することから、国際間異動はもはやルーティン業務の一つである。しかしながら、ひとたび非日本人について地域を越えた異動を実行しようとすると、決定すべき事項は膨大であり、異動の実施は容易ではないことが多い。異動の数が増えれば増えるほど、異動に際してのガイドラインを設け、異動後の報酬や評価の枠組みについても明確にする必要性は高まる。そもそも制度が地域間で統合されていれば、検討事項は著しく減少し、異動の決定はより容易になることであろう。

④ **M&Aの活発な活用**

　成長に向けてM&Aを活発に活用する場合、買い手としてグローバル共通のポリシーやガイドラインを持っておくことは、対象会社主導で本社として受け身の対応に陥ることを防ぐうえで有用である。

⑤ **グローバル企業としての公平性**

　真のグローバル企業となるうえでは、各地で運用されるべき制度などを除き[11]、そもそも異なる制度の下で運用しているということが問題視されることもあるかもしれない。この点は会社固有の価値観や哲学によるところでもある。

　経営者報酬の領域においてグローバル共通化を進めていった場合のイメージは図表3-26のとおりである。経営層のように上位層であるほどグローバル共通化の度合いは強くなる一方で、福利厚生や報酬水準については引き続き個別地域の実情に応じて設定されることになる。特に経営層についてグローバル組織として同じような目線での取り組みを求めるうえで

**図表3-26**　報酬のグローバル化

| | 最高経営幹部（本社役員） | 経営幹部（本社事業部長、海外子会社役員） | ミドルマネジャー | 一般従業員 |
|---|---|---|---|---|
| 基本給 | グローバル共通；水準は地域別 | グローバルガイドラインに基づき各地域で運用 | | 地域別水準 |
| 年次インセンティブ | | グローバル共通（水準は地域別） | グローバルガイドラインに基づき各地域で運用 | 各地域で設計・運用 |
| 長期インセンティブ | | グローバル共通（水準は地域別） | （対象外） | （対象外） |
| 退職給付・福利厚生 | グローバルガイドラインに基づき各地域で運用 | | | |

11　一般に、地域性に左右される福利厚生や報酬水準などは、グローバル統合を進めた場合であっても地域別に運用せざるをえないと言われている。

は、インセンティブ制度の共通化が重要なポイントとなろう。

　実際にこうした共通化を行っていくうえでは、日本本社の日本人経営層の報酬制度について、従来の日本において一般的であったような固定報酬中心の制度から変動報酬中心の体系へと脱皮することが課題となる。特に、海外とのギャップが大きい長期インセンティブの拡充がその焦点となろう。雇用慣行も異なる中で、日本企業にとっては大きな変化であることは間違いないが、徐々に日本における経営者報酬プラクティスも変わりつつある。このような変化の実現は時間の問題であろう。

**【グローバル長期インセンティブ】**

　年次インセンティブのグローバル共通化は、（実際の導入難易度は別にして）比較的想像しやすいが、グローバル共通の長期インセンティブ制度の導入は、設計段階から多岐にわたる論点についての検討が必要になる。グローバル共通制度の場合、欧米企業では一般に株式報酬が用いられているが、日本企業で同じような方法を実行に移そうとしてもなかなかそうもいかない。

　図表3-27は、日本企業がグローバル長期インセンティブ制度を導入する際に候補となる方法をまとめたものである。ストックオプションはリテンション効果があまり期待できないことや、株価上昇時のみにインセンティブ効果が生じる点など、活用しにくい面が多い。財務負担の問題から、キャッシュを用いた制度も、グローバルに幅広く導入するうえでは一定のハードルがあると考えられる。残るのは株式報酬のうちフル・バリュー型のものとなるが、グローバル連結の企業価値への意識醸成やリテンションという観点から、比較的バランスの取れた方式と言える。ただし、日本の法制下でこのフル・バリュー型を導入しようとすると、これまでは株式報酬型ストックオプション、株式交付信託のいずれかしか選ぶことができなかった。しかし、いずれについても、海外の人材にとってのわかりにくさという面で一定の限界があることは否めない。しかしながら、これらの方式に加えて、従来は直接株式を付与する方式がいよいよ可能になったことから[12]、これまで日本企業が欧米企業に比べて不利であった状況が一変す

**図表3-27　日本企業が導入可能な主な長期インセンティブ制度**

|  | 業績条件付<br>株式報酬型<br>ストックオプション<br>／株式交付信託／<br>譲渡制限付株式[12] | 株式報酬型<br>ストックオプション<br>／株式交付信託／<br>譲渡制限付株式[12] | ストックオプション | パフォーマンス・キャッシュ |
|---|---|---|---|---|
| タイプ | フル・バリュー型株式報酬 | | オプション型株式報酬 | キャッシュ |
| 内容 | ・一定の業績の達成を条件として株式を付与 | ・一定期間の経過をもって株式を付与 | ・付与時点の株価で将来株式を購入できる権利を付与 | ・評価期間が複数年のボーナス制度 |
| 効果・利点 | ・株主との利害の共有<br>・株価上昇と業績双方の達成に向けた意識の醸成 | ・リテンション<br>・株価上昇に向けた意識の醸成 | ・株価上昇に向けた意識の醸成(フル・バリュー型よりも強いレバレッジ) | ・自由な設計が可能 |
| 懸念 | ・海外の社員にとってわかりにくい付与方式(株式報酬型ストックオプション／株式交付信託)<br>・業績条件によってはリテンション効果は薄い | ・海外の社員にとってわかりにくい付与方式(株式報酬型ストックオプション／株式交付信託) | ・海外社員にとっては魅力が薄い(リテンション効果は弱い)<br>・株主利益とは必ずしも一致しない(＝株価下落局面) | ・評価指標の設定によっては個別最適が助長される恐れ<br>・財務負担 |

る可能性があると言える。

# 3　等級・報酬・評価制度の統合

　第3節から第5節にかけては、買収後の人事諸制度の統合についての意味合い、典型的な課題そして対策について解説を行う。第3節では人事制度の中でも、従業員の普段の仕事や生活に大きな影響を与えることから関心も高い等級・報酬・評価制度についてカバーをする。

---

[12]　経済産業省「コーポレート・ガバナンス・システムの在り方に関する研究会」報告書（2015年7月24日）。別紙3「法的論点に関する解釈指針」において、株式を直接交付する方式が示された。その後、経済産業省では法制面での対応を進めるとともに、本方式の導入促進に向けて様々な情報の提供を行っている。

## 1 統合の必要性

　第2章でディールの目的や形態によってPMIのあり方も様々であることを解説したが、PMIにおいて人事諸制度を統合する目的・意義について改めて確認をしておきたい。

　買収または合併に伴ってただちに人事諸制度を統合する必要があるかというと、必ずしもそうではない。人事諸制度の統合にはプラスに働く面とマイナスに働く面があるため、何のために統合するのかという大義名分をおさえたうえで必要な時期に必要な部分について統合を行うことが重要である。例えば国内における同業種同士の統合（いわゆる、水平統合）においては、早期のシナジー実現のためには組織の統合・再編を伴う事業統合を行うことになるだろうが、その場合には統合新会社の事業方針を一体感を持って推進していくためには、人材の融合が欠かせない。人材の融合を行うためには、人事諸制度がバラバラであると様々な不都合が生じるため、統合推進のための基盤整備の一環として人事諸制度の統合が必要となる。一方で、日本企業による海外企業買収の際によく見られる、買収後の一定期間はスタンドアローンの状態を維持するようなケースでは、人事諸制度の変更は経営者報酬やインセンティブの仕組み以外は必要性はさほど高くない。むしろ無闇な変更は、従業員の無用な不安や買収に対する嫌悪感を助長する可能性もあるので慎重に進める必要がある。

## 2 統合プロセス

　人事制度というと、一つの会社に一制度と思いがちであるが、正規従業員と契約社員等の非正規従業員といった雇用形態で制度が異なることや、正規従業員の中でも職種ごとに制度を分けるようなケースも比較的一般的に行われている。また買収後または合併後に事業の統合を前提としたM&Aであっても、Day 1の時点で人事諸制度を統合するケースもあれば、Day 1以降の一定期間は従来の制度を併存させ、時間をかけて統合を進めるようなケースもある。特に報酬の水準に関しては統合に伴い減額されることになる場合には不利益変更とみなされ、労使交渉が難航することや、

**図表3-28　統合プロセス**

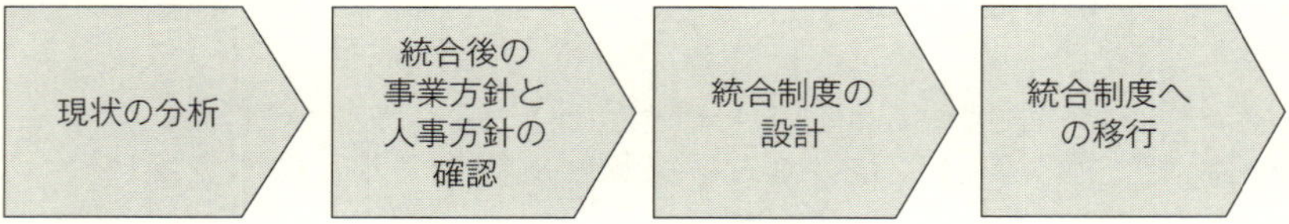

現状の分析 → 統合後の事業方針と人事方針の確認 → 統合制度の設計 → 統合制度への移行

そもそもコンプライアンス上実行が難しいケースもある。また第4節でカバーするベネフィットに関しては制度変更に相当程度の期間を必要とするものもある。このように統合の進め方も千差万別であるが、図表3-28のようなステップを踏んで進めていくことが一般的であろう。

① **現状の分析**

　統合を前提として、各制度において両社の制度の比較分析を行う。分析においては人事規程やマニュアル上の内容だけではなく、実態の運用も含めた分析を行う必要がある。また、特に歴史のある会社であれば現在の人事制度に至る歴史・背景についても十分に理解をしておくことが、後々の統合制度の設計や労使交渉・従業員へのコミュニケーションのフェーズでは重要となるので、表面的な分析にとどめず丁寧な分析を行うことが望ましい。

② **統合後の事業方針と人事方針の確認**

　統合後にどの程度人材の融合が必要となるかによって、人事諸制度の統合の範囲や度合いも変わる。例えば営業機能の統合を行う必要がある場合には、組織は併存させたままクロスセル（商品やサービスの相互販売）を促進する程度であれば、評価制度や営業インセンティブの見直し程度の変更で十分である。しかし、全社的に組織も含めた統合を行う必要がある場合には、人事の基幹制度である等級・評価・報酬について抜本的な統合を検討する必要が生じる。また、A社とB社の統合を行う際に、A社の制度を存続制度とするのか、B社の制度を存続制度とするのか、または新たな制度を設計・構築するのか、についても検討が必要である。特に統合に伴

い、今までのA社・B社のやり方の延長線上にとどまらず仕事の仕方自体を変えていく必要がある場合などは、新しいやり方に沿った制度を新たに設計していく必要があるだろう。

③　統合制度の設計

　次に②で検討した人事方針に則って、等級・評価・報酬の各制度の設計を行う。当然各制度は密接に絡み合うものであるため、ある程度は平仄をそろえつつ検討を進めていく必要がある。制度の設計においては、制度概要の設計と合わせて、個々人への影響も見ていく必要がある。例えば、今まで以上に成果主義的な制度を設計する場合には、具体的にどの層の何人くらいの従業員に、どういった影響がありうるのか、という影響分析を行い、新制度が意図した結果に結び付くかどうかを検証しつつ進めていくことになる。また、最終的には個々人別に、新制度への移行措置の内容も検討していく必要がある。

④　統合制度への移行

　新制度への移行には、就業規則等の規程への落としこみやベンダー・システム対応といったハード的な側面と、労使交渉・従業員へのコミュニケーションといったソフト的な側面がある。せっかく良い制度を作っても、それを現場で運用する管理職や、対象となる従業員の理解が進まないと画に描いた餅になってしまうため、移行措置も含めて、従業員に理解してもらえるような工夫が必要である。

## 3　等級制度の意味合い

　等級制度は従業員の担っている職務・役割や能力等により格付けを行うことで序列を設ける仕組みであり、一般的には等級制度を軸として報酬を含む人事制度全般が設計・運営されるものであるため、人事の基盤となる制度の一つである。

　等級制度には大きく分けて、個々人が担っている職務・職責または役割の大きさに応じて格付けがされる職務等級／役割等級制度と、個々人が有

している能力に応じて格付けがされる職能等級制度がある。等級制度の類型の詳細についてはここでは割愛することとするが、日本国内においては1990年代以降の成果主義への移行の流れを受け、それまで主流であった職能等級制度から職務等級／役割等級制度に移行した企業が多く見られたため、現在では両者が混在していることが実態であろう。また職務等級／役割等級制度を導入した企業の中でも、例えば非管理職には長期的なキャリア形成を促進するためや労働組合との協議の関係から、ある程度年功的要素を残すために職能等級を維持し、管理職にはより成果主義的要素を強めるため職務等級／役割等級制度に移行するといったケースがある。その他、同一従業員に対して職務等級／役割等級に基づく格付けと職能等級に基づく格付けの両者を持たせ報酬の半分を職務等級／役割等級に基づく設定とし（いわゆる、職務給・役割給）、残りの半分を職能等級に基づく設定とする（いわゆる、職能給）ような形で併用しているケースもあるため、様々な形態が混在している状況にある。さらに職責・役割・能力と言っても会社によって基準は千差万別であり、職務等級／役割等級と謳っていても実際にはある程度は職能を加味して運用が行われているケースもある。

　一方で海外に目を向けると、欧米の企業では職務や役割に応じて等級制度が決まる職務等級・役割等級制度やそれらに準じた運用を行っていることが多く、いわゆるPay for Job（仕事に対する報酬）の考え方が浸透している。また世界各国で事業展開を行うグローバル企業では、統一した等級制度を用いて世界中の従業員の格付けを行うグローバル共通グレード制度を導入していることも少なくない。これらの企業ではグレードごとに担うべき職務や役割が全世界的に共通化されているため、グローバル共通のグレードを用いて国の枠を超えてプロジェクト・チームを組成させるような場合でも比較的容易に行うことができることや、国の枠を超えたレポーティング・ラインを明確にすることでグローバル事業の円滑な推進をサポートさせるようにしている。例えばウイリス・タワーズワトソンでは、日本企業が海外企業を買収する場合などに対象となる国々におけるコンサルタントで構成されるプロジェクト・チームを組成することで支援を行う

が、全世界でグレードやタイトルが共通化されており、かつ全世界のコンサルタントの人材データベースが整備されていることで、経営者報酬、退職金・年金、福利厚生、人材マネジメント、コミュニケーション等の専門分野ごとに必要なレベルのリソースの構成を、短期間で検討し招集することが可能な体制が敷かれている。特にM&Aにおける人事デューデリジェンスやPMIの支援を行う際には、短期間で支援体制を構築したうえでスムーズに支援を開始することが重要となるため、このようなグローバル共通の仕組みは欠かすことができない。

さらに日本企業が海外の多国籍企業を買収するケース等において、同時に複数国にまたがる支援を行う際には、関与するコンサルタントの数も多くなるため、また買収後の人事PMO（Project Management Office）の支援を行う際などは、買い手企業の現地法人、対象企業の現地法人、場合によっては売り手企業の現地法人経営トップ・人事担当等もPMOのメンバーに加わることとなる。ウイリス・タワーズワトソンの各国コンサルタントもプロジェクト・マネージャーとして関係者に必要な情報を伝達、または入手したり、現地レベルでの意思決定を支援したりすることでグローバル全体のプロジェクトを推進していく役割を担うことがあるが、そのような役割を担うことができるシニア・コンサルタントを任命することが重要となる。仮にグローバル共通グレードや人材データベースが存在しなかった場合には、各国のコンサルタントの棚卸から始める必要があり、短期間での対応はおろか、チームを組成するだけのためにも膨大な労力が必要となってしまうこととなる。このように、等級制度は単に序列を設けるだけのものではなく、事業の円滑な推進をサポートするものであるため、買収後のPMIを考えるうえでもどのような等級制度を導入すべきか慎重な検討が必要となる。日本企業による海外企業の買収時等、今後の事業戦略としてさらなるグローバル経営の加速を検討されているような場合には、M&Aを契機にグローバルの等級体系の検討が行われるケースも多い。

## 4　等級制度の統合

M&Aにより企業同士が合併を行う場合や、買収後に買収先企業と事業

と組織を統合する場合に真っ先に問題となるものの一つとして等級制度の違いがあげられる。例えば国内企業同士の合併に際して、A社が職務等級制度を導入しており、B社が職能等級制度を導入しているような場合には、買収後にはどのような考え方に基づき等級制度を運用するかが問題となる。仮にA社が導入ずみの職務等級制度に基づく制度とした場合には、B社で今まで組織の長ではないが能力や経験を加味され部長職相当とされてきた従業員が合併後は一般社員クラスへの降格が行われるようなことが生じることを意味する。合併後の新会社の方針として職能ではなく職務・役割に応じた等級が望ましい場合には、このような変更はあるべき姿ではあるが、急激な変更が社員にもたらす影響については十分に確認をしたうえでの対応が必要である。また合併に伴い不利益な変更となる従業員が多数にのぼるような場合には、合併自体に対してネガティブな印象を与えかねず、モチベーションにも影響することに留意が必要であるため、後述のコミュニケーションでカバーされるような、対象となる従業員に対する丁寧な説明を行うことが重要となる。

　A社とB社がともに職務等級制度だった場合、または合併後に職務等級制度を導入する場合には、組織の統廃合に伴いポジションが集約されることで、職務・役割レベルの引き下げが発生することがある。その際の一般的なプロセスは図表3-29のように、①統合後の組織設計から始まり、②新組織におけるポジション、職務・役割の設計、③職務・役割レベルの評価、それに基づく④グレーディング（格付け）の実施、そして最後に対象となるポジションへの⑤人材配置、といった流れとなる。

**図表3-29**　組織統合プロセス

① 統合後の組織設計

統合後の組織設計は、統合会社の事業内容に応じて組織が設計されるもので、A社とB社共通の組織の集約や、新しい事業戦略に基づく新組織体制が検討されるものであり、一般的には経営企画または事業部門主導で検討されるべき項目である。例えばA社が事業部制またはカンパニー制に基づく組織構造でB社が営業部門・製造部門等の機能別の組織構造となっている場合には、統合後の事業戦略の実行のためにはどちらの組織構造を基準に設計すべきか、といった点を検討する必要がある。その他、例えば営業部門の組織の設計に際して、A社は国内を地域ごとに営業組織を細分化して運営しているのに対し、B社は製品・サービスごとに営業組織を細分化して運営しているような場合、統合後の組織としてどちらを重視すべきか、または地域・製品の両方の要素を持つマトリクス型の組織をベースに設計を行うのか、等の検討が必要となる。

② 新組織におけるポジション、職務・役割の設計

新組織におけるポジション、職務・役割設計は、①の組織設計のステップを受けて、各組織に必要となる具体的なポジション・職務・役割を検討するステップとなり、①とある程度一体的に検討されることが一般的である。①の一つ目の例で言えば、統合会社の組織が事業部制またはカンパニー制となった場合には、各事業部・カンパニーのトップのポジションのタイトル・名称とそのポジションが担うべき職責・役割・担当範囲を検討のうえで決定することが必要となる。①の二つ目の国内営業の例で言えば、統合後の営業組織が地域ごととなった場合でもA社とB社が管理している地域が異なる場合等、個別のポジションの内容を検討していく際には担当エリアまで落としこんだうえでの設計が必要となる。

③ 職務・役割レベルの評価

職務・役割レベルの評価は、②のステップで決定されたポジション・職務・役割の内容が、相対的に見てどの程度のレベルにあるかを判断するステップとなる。評価の手法としては、評価すべき要素を決めたうえでポイ

**図表3-30** GGSによるグレーディングの例

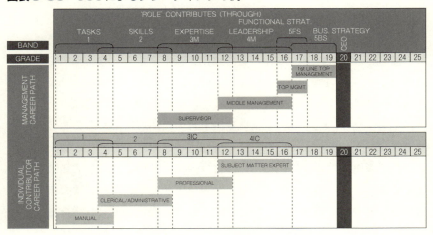

ント化する、いわゆるポイント・ファクターといった方法から、ポジションを並べて序列を決める序列法等様々である。なお、図表3-30は、ウイリス・タワーズワトソンのポイント・ファクターによるグレーディングのアプローチであるGlobal Grading System（GGS）において、ポイントを積み上げたうえで算定されるグレードを示したものである。GGSは、売上げ・従業員数といった定量的な指標と、事業の多様性・複雑性、そして地域の広がりといった指標を用いて格付けを行う仕組みである。

④ グレーディング

　グレーディングは、③の職務・役割レベルの評価の内容に応じて、具体的なグレード・等級に落としこんでいく作業となる。等級数や等級ごとの定義は会社によって様々であるが、ポイント・ファクターに基づく評価を行った場合には、評価結果の点数と等級の対応関係を決定することとなる。また1等級から5等級が管理職相当、6等級から10等級が非管理職相当、といったような整理も必要となる。

⑤ **人材配置**

　人材配置は、個々のポジションに対して実際の人材の配置を検討・決定していく、一連のプロセスの中でも最もセンシティブなステップである。①の国内営業の例において、例えば東北地区の営業組織のトップのポジションに対して、A社・B社の現在の東北営業支店長のうち、どちらを選択するかといった個別具体的な議論となる。理想的には、ポジションごとに必要な経験・スキル・コンピテンシー等の要件を定義し、その条件に最も合致する人材を配置することが望ましい。人材の配置は、対象となる本人だけでなく、周りの従業員に対しても目に見える形として現れるため、できるかぎり客観的な選定基準とプロセスを踏むことが重要である。そのためには、特にリーダーシップ層の選定は配下の従業員に与える影響も大きいため、後述のリーダーシップ・アセスメント手法・人物評価ツールや360度評価といったアプローチを多面的に活用することで、客観性を高めるような対応を行うことが望ましい。過去の統合の事例を見てみると、主要ポジションへの配置は出身母体に応じて交代で決定される、いわゆる「たすき掛け人事」行われるようなこともあったが、今後にその組織の成果を上げていくために本当に必要な人材は誰なのか、といった観点で検討することが望まれる。

　等級制度の統合においては、職務・役割評価といった緻密なプロセスを

**図表3-31　等級マッチングの例**

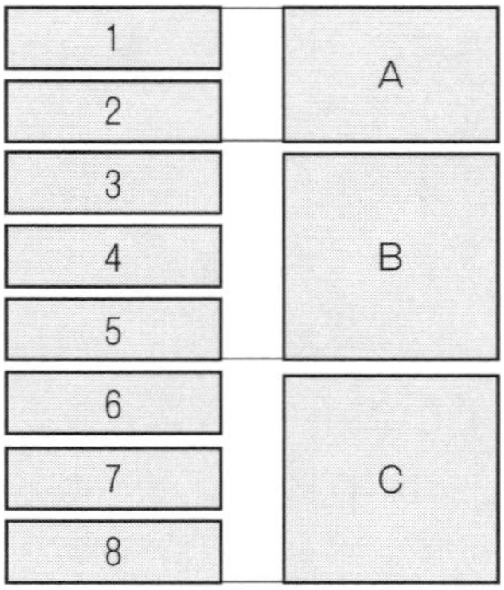

| 旧等級 | 新等級 |
|---|---|
| 1 | A |
| 2 | A |
| 3 | B |
| 4 | B |
| 5 | B |
| 6 | C |
| 7 | C |
| 8 | C |

踏まず、簡易的に行われることも少なくない。これは、各社の現在の等級制度の等級定義を見比べ、また必要に応じ実在者の分布や格付けの実態等を総合的に加味して、同等レベルと判断される等級の紐付け・マッチングを行う作業である。この手法では、基本的には現在の等級制度から大きな変更は生じないため、個々人に対する影響も限定的である。図表3-31の例は、ある会社が1～8の8段階の等級制度を有しており、もう一方の会社がA～Cの3段階の等級制度への移行を行う際のイメージを示している。

最後に等級の設計・統合を行ううえでの留意点の一つとして、管理職と非管理職の切り分けがある。労働基準法では管理監督者と認められる従業員に対しては時間外労働に関する取り扱いが異なるため、これを踏まえた設計を行うことが望ましい。

## 5 報酬制度の統合

一般従業員に対する報酬制度は狭義では給与・賞与・インセンティブ・諸手当等を指し、広義ではさらに福利厚生・退職金／年金・労働条件等も含めるが、福利厚生・退職金／年金については次項（6）でカバーされるため、ここでは狭義の報酬制度について、項目ごとに解説を行う。

報酬制度の統合を行うにあたり検討が必要な項目として、報酬の仕組み（どのような構成とするか、それぞれの構成要素にどのような意味合いを持たせるか等）、報酬の水準および構成割合（報酬ミックス）、賞与・インセンティブ制度の支給基準等の違いについての統合がある。

給与の決定方法は様々で、前述のように職務等級・役割等級制度に紐付けたものとした場合には職務給・役割給、職能等級に紐付けたものとした場合には職能給と呼ばれる。

また構成要素としては、月次の給与で一般的には基本給と呼ばれるもののほか、諸手当、賞与、インセンティブ等で構成される。

諸手当についても、さらに給与項目としての手当と、福利厚生としての手当があるが、名称で必ずしも判断できるものではなく、内容を見て判断する必要がある。給与項目の手当の主なものとしては図表3-32のように、役付手当・管理職手当、家族手当・扶養手当、地域手当、精勤手当、

**図表3-32　諸手当の例**

| 名称 | 内容 |
|---|---|
| 役付手当・管理職手当 | 特定の役職や管理職に対して支給される手当 |
| 家族手当・扶養手当 | 扶養家族の状況に応じて支給される手当 |
| 地域手当 | 居住地域の状況に応じて支給される手当<br>地域の物価水準に応じて設定される |
| 精勤手当 | 勤務状況に応じて支給される手当 |
| 住宅手当 | 居住状況に応じて支給される手当 |

住宅手当、等がある。従業員の居住状況に応じて支給される住宅手当が支給されるケースも少なくないが、社宅や寮等と合わせて設計されるケースが一般的のため、次項でカバーする。

　報酬の統合を行う際に難易度を上げる要素として、報酬の項目ごとに基準や金額が異なることによって、制度を変更した場合の影響が必ずしも一様ではなく非常に複雑になることがあげられる。例えば基本給が有利に変更される一方で手当が不利に変更されるもの、基本給も手当も不利に変更されるもの、手当の一部は有利だが他は不利に変更されるもの、等のように様々な組み合わせが発生する。

　また、基本給といった形で月次で支給される給与は、原則として時間外勤務手当（残業代）や退職金・年金の算定基礎となるため、それらへの影響も考慮したうえでの検討が必要となる。さらに健康保険や厚生年金といった社会保険の算定基礎にも影響を及ぼすため、社会保険への影響にも配慮が必要である。

　制度を変更する際には、新制度に移った後に報酬が上がる従業員と下がる従業員が必ず生じることとなる。下がる従業員に対しては、法的要請や労使関係、場合によってはM&Aの買収契約書における処遇維持の条件等によって補填を行うことで、水準が下がらないような対応が求められる。その際の方法としては、大きく分けて調整手当といった名称で月次の給与

で補塡する場合（経過措置）と、統合時・転籍時等に一時金を支給することで補塡する場合があるが、いずれにしても財務面のインパクトについてはシミュレーションを行うなどして精査のうえで決定することが求められる。

賞与については、夏季と冬季に季節賞与として固定的に支給するケース（いわゆる固定賞与）と、会社や従業員の業績に連動して支給するいわゆる業績連動賞与、さらに両社の組み合わせで支給するケースがある。業績賞与については、前項の経営者報酬でも説明したように、設計次第で従業員の動機付けを通じて事業の方向性を左右するような制度であるため、買収後の事業計画に沿った形で活用する業績指標を選定のうえ、適切な目標設定を行うことが極めて重要となる。

## 6 処遇条件変更の留意点

等級や給与等の処遇条件を変更する際に留意が必要な点として、労使交渉がある。経営者報酬と違って一般従業員層のうち、特に非管理職相当の従業員については、労働組合に加入している場合には労働組合との労使交渉が必要となることや、労働組合への加入がない場合でも一般的には従業員代表が選任されており、従業員代表への説明等が求められる。労使の状況にもよるが、会社によっては半年以上の期間を使って協議を行うケースもあるので、制度の統合の計画を立てる際には、交渉に要する期間を想定したうえで検討を行うことが肝要である。なお、その際には、過去の労使協議の内容や要した期間が参考になる。また、当然ではあるが大きな変化や不利益変更が生じる場合には、その程度や範囲によって交渉の難易度は変わるので、これらも含めた検討が必要である。

海外の買収においても同様で、その国の法規制やストラクチャーにもよるが、労働組合や従業員代表への説明・協議が必要となることが一般的である。特に欧州においては全般的に労働関連の規制が強く留意が必要である。欧州では産業ごとの労働組合に加えて、会社単位のワークス・カウンシル（労使協議会）と呼ばれる主体が存在することがあり、法規制によって様々な制約・要件が設定されている。例えば欧州企業から事業譲渡で一

事業の買収を行う際には、日本における労働契約承継法と似たような規制が設けられており、事業譲渡の対象となる従業員とそうでない従業員を恣意的に取捨選択するようなことは困難である。また給与・福利厚生を含む処遇条件全般については、事業譲渡後の一定期間については不利益変更に対する規制があるため、これらの法規制も含めた検討が必要である。

## 4 ベネフィット（退職給付、健康保険、福利厚生）の統合

### 1 ベネフィットの特徴とPMIを見すえた人事デューデリジェンスの進め方

　本節で解説するベネフィットとは、退職給付や健康保険（医療保険）、その他には住宅補助などのように福利厚生と総称されたり、有給休暇のようにわが国では労働条件の一部に分類されていたりする、一連の人事処遇制度を指している。主な特徴としては、退職給付のように職責や成果などを反映させることのできる、後払い報酬の要素を持ち合わせた一部の例を除いて、基本的には企業に勤める者に同じ条件で権利が付与されることにより、その企業に所属し続けることを促すインセンティブとしての効果が期待される処遇の一つとして位置付けられる。平常時にはあまり意識されにくい面もあるが、欧米の多国籍企業では退職給付や各種保険ベネフィットが職業選択に際しての重要な労働条件の一部として認識されており、グローバルな視点からは、総額人件費の中で15％～30％を占める、決して軽視することのできない処遇である。

　PMIにおいては、こうしたベネフィットの統合についても人事処遇制度統合の過程における大きな課題の一つとなる。これらのベネフィットは、等級、報酬、評価など、これまでに本書中で述べられてきた他の人事処遇項目と比較すると、それぞれの国・地域に特化した形式で提供されている点が特徴的であり、より地域特殊性が高い。この主な原因としては、ベネフィットの付与水準が、企業の私的給付であるにもかかわらず、それぞれの国・地域の公的年金や医療給付などの社会保障給付との間で、給付の内容や水準の調整が行われることにより決定されていたり、制度の実施

に際して法規制などの制約を受けたりすることが多いことなどがあげられる。したがってPMIの段階においては、こうした各国・地域の社会保障や法規制の存在と、その将来にわたる変更を踏まえつつ、いかにグローバルでの処遇方針とそれぞれの国・地域で実現可能なベネフィットとの整合性を保ち続けていくか、という視点が重要になる。

　さて、これらのベネフィットに関する人事デューデリジェンスを進めるにあたっては、まずは抜け漏れのないよう網羅的なデータの収集により、買収リスクの最小化に努めることが最優先の課題である。人事デューデリジェンスの過程でリスクの定量的な算定や売買価格への反映等、より一段と詳細な分析精査を実施するには、時間的な制約があることも相まって、企業にとっての実施コストなどの一定の評価軸の下で優先順位を付けて精査を進めていくことが想定される。それでは、どのような優先順位で検討を進めていくのが、リスクの把握に関する時間的な効率を高める点では有効だろうか。

　このような場合、その優先順位の筆頭にあげられるのは、退職給付ということになるだろう。退職給付には、大きく分けて将来の給付額をあらかじめ確約する「確定給付型退職給付」と、現時点での掛金拠出額を確約する「確定拠出型退職給付」の２種類があるが、いずれの国・地域においても、企業にとっての実施コストの点で最もインパクトが大きいか、これに準じた位置付けのベネフィットとなっている。この退職給付に関しては、わが国でも退職給付会計基準の導入などによって確定給付型退職給付の制度運営が企業経営に与える負荷やその変動リスクに注目が集まるようになって久しいが、その後の退職給付会計基準の国際標準化の流れや、人口の長寿化による制度運営リスクの上昇などを背景として、この十数年の間に確定給付型退職給付から確定拠出型退職給付への制度移行がグローバル規模で急速に進展してきている。PMIにおいてはこうした環境の変化が対象企業の人事面・財務面にどのように影響を与えてきたかを踏まえながら統合の検討を進めることが求められるため、退職給付に関しては人事デューデリジェンスの段階から、単なる自社制度や市場平均との現時点の相違点の比較にとどまることなく、これら環境の変化が対象企業の制度内容に

与えた影響の有無や、そのことが人事面（対象人材のベネフィットに対するニーズとの整合性など）・財務面（B/S・P/Lへ与えるインパクトや変動リスクなど）の変化にどのように反映されているのか、そして確定給付型退職給付と確定拠出型退職給付が混在する中での比較検討にどのような評価の基準を置くか、等について考慮することが必要とされるだろう。

さて、次いで重要性が高いベネフィットとしては、グローバルな視点からは健康保険（医療保険）、生命保険、就業不能所得補償保険などの各種保険ベネフィットがあげられるだろう。もっとも、このあたりからは地域の特殊性が表れてくる。例えばわが国では、健康保険における公的給付が他の国・地域における医療保険や短期就業不能所得補償保険の一般的な給付内容・水準をカバーしていることもあり、企業にとっての実施コストの点ではこれらの保険ベネフィットに代わり、借り上げ社宅や家賃補助、住宅手当等の、住宅補助ベネフィットの重要性が退職給付の次に高くなっている。また、フランスのように、食事券に対する補助という形での食事手当の普及率が非常に高い、というようなケースもある。さらには、多くの国・地域で主要なベネフィットとみなされ、従業員からのニーズも高い年次有給休暇についても考慮する必要があると考えられる。これらのベネフィットの人事デューデリジェンスにおける検討の優先順位の決定に際しては、企業にとっての実施コストに加え、それぞれの国・地域においてどのようなベネフィットが従業員からのニーズが高く、ひるがえって生産性の向上に寄与することが期待されているか、の視点が必要となるだろう。

以降では、これらの主要なベネフィット項目について、人事デューデリジェンスにおける視点との関係も踏まえつつ、PMIを見すえた場合の留意事項と、人事デューデリジェンスへの反映の方法などをより詳しく論じていくこととしたい。

## 2　確定給付型退職給付の概要および着目のポイント

確定給付型の退職給付に関しては、退職給付会計基準の国際標準化の流れの中で、会計開示情報の比較可能性は従来よりも格段に高まっている。しかし、同じ財務状況にある制度が会計基準の違いにより財務諸表上の見

**図表3-33　会計基準による財務状況の見え方の違い**

● 同じ財政状況でも財務諸表への計上方法は会計基準ごとに異なるため、異なる会計基準間での状況の正確な把握と比較は容易ではない。

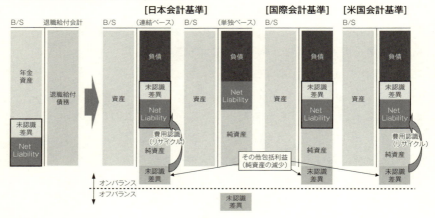

え方が異なっているようなこともあり（図表3-33）、評価軸をそろえての比較は決して容易ではない。

人事デューデリジェンスにおいては、これらの情報がそろっているということで安心・油断してしまうことのないように、状況の見誤りや見落としのないように進めていくようにしたい。

デューデリジェンスの手順としては、まず算定対象とすべき確定給付型退職給付の制度がすべて評価対象に含まれているかを確認することから始める必要があるだろう。特に新興国などにおいては、独自の確定給付型退職給付を設置・保有しているものの、これが会計上の評価対象には含まれていないなどの事態が想定されるため、制度情報やHR（人事部）インタビュー結果と会計情報との間に不整合な点はないかを確認することが求められる。万一そのような制度が見つかった場合は、対象者の範囲や給付水準などを基に、これを評価対象に追加するか否かの判断と、追加する場合にはその評価方法等についての検討が必要となる。

以上の確認が終わったら、次に評価対象となっている各々の制度についての定性面・定量面での検証・分析作業へと移る。具体的には、制度内容のサマリーや従業員への説明資料、制度の規定・規約類を基に制度設計内

容を確認しながら、B/S・P/Lへの計上値や注記などの会計開示情報、および対象企業のアクチュアリー（年金数理人）による数理計算報告書を基に、直近の資産積立状況や退職給付債務・費用の認識に問題はないか、計算の前提の設定から計算方法の詳細に至るまで適切か否かを一つひとつ検証していく作業である。計算の前提や計算方法に関する主なチェックポイントとしては、割引率の設定水準や設定方法、死亡率の設定方法や将来の死亡率改善の折りこみ方、昇給率の設定水準や設定方法、および給付の期間配分方法などがあげられる。

　なお、ここで留意しておきたいのは、単独企業を対象としたストック・ディール（株式譲渡／取得）の場合などを除き、デューデリジェンスの段階では会計開示情報より詳細なレベルで、買収対象となる従業員のみを評価対象とした資料・データを確認できる機会はほとんどない、という点である。これは、一般的にはM&Aディールがグループ企業の中の1社の買収や、1事業部門の買収等、全体の中の一部を対象としているのに対し、数理計算報告書は全体を対象とした形でしか提供されないことによる、情報提供単位のミスマッチが原因である。ごくまれに、個人別の退職給付債務（PBO；Projected Benefit Obligation）や勤務費用が入手可能となるようなケースもあるが、多くの場合は、全体を対象とした数理計算報告書等の入手できる情報を基に、「買収対象となる退職給付」について、退職給付債務・費用や積立の状況などを推定する必要がある。ただし、推定される積立状況に関しても、退職給付債務に対応する資産は一意に決まるものではなく、かつその選択肢はそれぞれの国・地域の法令によって制限を受けるため、最終的に引き継がれる資産の額の計算方法は、売り手・買い手間の合意に基づいて最終的に確定されることになる。ここが、確定給付型退職給付に関する買収契約（DA；Definitive Agreement）締結前の最大の論点である。

　ちなみに、これらの値は買い手として提示する買収価格に反映された後、実際の取引価格に関しては後日、クロージング時点等のより正確な算定値に基づいて調整されるようDAに規定されるのが一般的ではあるが、取引価格を最終契約時締結時に先に確定してしまってクロージング時点の

調整を行わないケース（Locked Box方式と呼ばれる価格決定プロセス）もあるので注意しておきたい。そのような場合には、退職給付債務・費用や積立の状況などの推定をよりいっそう慎重に行う必要がある。

　さて、さらにPMIを見すえた場合には、この「買収対象となる退職給付」の範囲が鍵となる。これは、一般的に退職給付制度には、現役従業員の過去勤務期間にかかる給付だけでなく、年金受給者や受給待期者の給付が含まれているが、それらのうちどこまでが引き継ぎ対象に含まれているかによって、引き継ぎ対象となる退職給付債務・費用の水準が大きく異なることによる。例えば、対象会社の退職者である年金受給者・受給待期者まで含めて引き継ぐことになる場合には、買収対象となる退職給付は最大になる。一方、年金受給者・受給待期者を引き継ぐ必要はなく、さらに現役従業員の過去勤務期間にかかる給付についても現行制度にとどめおくことが可能とされる場合には、買収対象となる退職給付は最小（基本的にはゼロ）となる。給付を引き継ぐ場合には、債務・費用だけでなく資産も引き継ぐことになるため、給付の引き継ぎ範囲の拡大が追加負債の計上による買収価格の引き下げにつながるとは一概に言うことはできないが、確定給付型の退職給付である以上、給付を引き継げば引き継ぐほど事業主の給付責任は確実に大きくなるため、責任抑制の点のみを取り上げれば「買収対象となる退職給付」の範囲は狭ければ狭いほどよいと言えるだろう。

　もっとも、M&Aディールの場合には、確定給付型の退職給付に限らず人事処遇全般において、クロージング時点では現行の処遇内容を踏襲するか、あるいは「同等な」処遇を用意することが条件とされていることが多い。したがって、「買収対象となる退職給付」の範囲がこれらの条件に連動して既に定められている場合には、PMIに関する検討のポイントはいかに制度運営コストや変動リスクを抑制しながら給付責任を果たしていくか、という点に移ることになる。一方、現行の処遇内容の踏襲が義務付けられておらず「買収対象となる退職給付」の範囲について選択の余地がある際には、上記に述べたような買い手の責任範囲の抑制について交渉の俎上に載せるために、将来勤務期間部分の退職給付の設計も含めて、現時点でどのように「同等な」処遇として提示するのかを考えておく必要があ

る。この場合に重要となるのは、クロージング以降、どのくらいの時間をかけて、あるべき将来制度に統合していくのかをあらかじめ想定することであり、これを実現するのに最も望ましいと思われる形で提示することであろう。なお、英国をはじめ検討対象となる国・地域によっては、確定給付型の退職給付が母体企業から独立したトラスト（信託）として運営されていて、その運営責任を負うトラスティ（信託受託者）が制度運営に関して強い権限を持つケースがあり、このような場合には、対象企業だけでなくこのトラスティとの議論も必要となる点には留意しておく必要があるだろう。

さて、残る論点としては、現制度からの資産の分離が必要となる場合に、クロージング時点までに資産の分離を完了できずに、追加的な対応の検討を求められる可能性がある点や、現制度からの分離に伴い、規模の経済性の低下を理由とした制度運営コストの上昇が見込まれる点などがあげられる。

資産の分離に関しては、分離前後のいずれの制度においても、対象となる国・地域ごとに、確定給付型の退職給付として求められる法令上の要件を満たす必要がある。例えば対象企業が日本企業で確定給付企業年金制度がある場合には、確定給付企業年金法に定める権利義務の移転承継、または分割の要件に基づいて資産の分離手続きを進めることになる。そのために必要な厚生労働大臣の承認を得てから資産の分離処理を完了するまでには、一般的には半年から1年を要するとされており、通常のM&Aディールにおけるスケジュール設定では、クロージング後に資産の分離を行うことになる。結果として、クロージング時点から権利義務の移転承継日または分割日までの間の、買収対象従業員の現制度への継続加入に関する対応（TSA：Transition Service Agreement）などに当該期間中のコスト負担等について規定したうえで、確定給付企業年金規約の規約変更を必要とする）や、実際の取引価格へ反映させるクロージング時点の資産時価と、資産の分離を完了した時点の資産時価の調整に関して、追加的な検討が必要となるだろう。

制度運営コストに関しては、一般に制度運営をサポートする外部ベンダ

ーに対して支払う費用は、制度規模に依存しない固定費用と規模に比例する変動費用の合計として考えることができる。大企業やグループ企業の制度などで制度規模がかなり大きくなる場合には、さらにボリューム・ディスカウント（数量割引、大規模利用に伴う割引）などが追加されているような事例もある。現制度からの分離は、制度ごとの固定費用の加算やボリューム・ディスカウントの消失を招くことになるため、単純な割り算では正しい制度運営コストを見積もることはできない。こうした制度運営コストの上昇についても、制度規模の縮小が急速に進むカーブアウトのM&Aディールなどで重要性が高いと判断される場合には、現在価値に換算してクロージング時点の制度価値に反映させる必要がある。このようなケースでは、PMIの制度運営までをデューデリジェンスの段階で見通せていないかぎり、事業価値の正確な算定ができないことになるので、十分留意するようにしたい。

## 3　確定拠出型退職給付の概要および着目のポイント

　確定拠出型の退職給付に関しては、退職給付会計基準上の退職給付債務の算定対象とはならないことから、確定給付型の退職給付よりは財務上のリスクは少なく、人事デューデリジェンスにおける負担は軽いとみなされることが多い。もっとも、オランダの集団型確定拠出年金（コレクティブDC）に代表されるように、企業会計上は確定拠出型の退職給付として取り扱われていても、実際の制度の枠組みは確定給付型の退職給付を利用するようなハイブリッド型の制度も普及してきており、こうした制度については、すべての財務上のリスクが掛金拠出時点で企業から切り離される制度設計になっているかの確認は重要となるだろう。

　加えてPMIを想定した場合、確定拠出型の退職給付に関しても事前に検討すべき課題は決して少なくない、という点はあらかじめ認識しておく必要がある。なかでも最大の課題は、単独企業を対象としたストック・ディールの場合などを除くと、確定拠出型の退職給付を同じ制度内容で引き継ぐことには様々な困難が伴うことであろう。

　先に確定給付型退職給付の項でも述べたように、M&Aディールの場合

には、人事処遇全般において、クロージング時点では現行の処遇内容を踏襲するか、あるいは「同等な」処遇を用意することが条件とされていることが多い。それにもかかわらず、確定拠出型の退職給付においては、過去勤務期間の給付の移管に際してはいったんキャッシュ化を伴うことが一般的であるなど、現行制度の給付をそのまま維持しようとすることさえ難しいのが実情である。これに加えて、米国のように、過去の勤務期間に積み立てた給付を転職前の会社の制度に残しておいたり、個人退職勘定（IRA；Individual Retirement Account）や新会社の制度へ移管（ロールオーバー）したりといくつもの選択肢が認められる国・地域もあれば、日本のように、新会社の制度もしくは個人型確定拠出年金への移管が一律に決定されるような国・地域もあり、対象国・地域の法規制によって取り扱いが様々に分かれることも、M&Aディールにおけるプロジェクト・マネージャーの頭を悩ませる要因となっている。さらに事業買収などの対象企業の一部を買収するようなケースでは、制度設計によっては対象従業員の給与構成が変動することにより、米国で適用されている非差別テスト（給与の低い従業員への掛金配分を促す目的で、給与の高い従業員に掛金配分が行きすぎていないか等を確認するテスト）に抵触するなどして追加的な掛金支出の必要性が生じるなど、将来給付にも手を加えなければいけなくなるような事態が生じることも想定される。したがって、PMIを見すえた場合、過去勤務期間給付の取り扱いから将来勤務期間給付の設計を変更しなければならない場合の給付設計に至るまで、様々な事態が生じた場合の対応策を可能なかぎり想定し、それらを現時点でどのように「同等な」処遇として提示するのかを考えておくことが必要となるだろう。

　その他の論点としては、確定給付型退職給付と同様に、PMIにおいて企業規模に応じて提供されていた投資ファンドが提供されなくなることや、規模の経済性を活かして安価に設定されていたベンダー費用などが高騰することなど、資産運用環境の変化や制度運営コストの上昇などが想定される。したがってPMIの段階においては、今後の制度運営をどのように行うつもりなのかを考え、資産運用環境の変化に対する補償費用や制度運営費用の変動を（提示する売買希望価格へ織りこむか否かの判断を行う

とともに）含んでおく必要がある。

## 4　健康保険（医療保険）の概要および着目のポイント

　健康保険（医療保険）に関しては、近年グローバルに進行している医療費の高騰などへの問題意識を背景に、会社から従業員に提供されるベネフィットの中でも関心の高い項目の一つとなっている。しかしながら、提供される国・地域による差も少なくないため、具体的な制度内容をイメージしていただけるよう、ここでは日本および米国の例を取り上げて概要を解説した後、人事デューデリジェンスにおける視点・PMIを見すえた場合の着目点へと論を進めることとしたい。

　わが国では、公的給付である健康保険および介護保険（健康保険とセットで運営されている）が、他の国・地域で私的給付として提供されている医療保険や介護保険、歯科保険、視力矯正保険、短期就業不能所得補償保険などをカバーしている。健康保険および介護保険は、単独企業または複数の企業により設立された健康保険組合か、健康保険法により設立された公法人により提供される協会けんぽのいずれかにより提供されている。健康保険組合からの保険給付は、公的給付を代行している給付（法定給付）と、健康保険組合独自の給付（付加給付）により構成されており、保障リスクを各組合・協会けんぽが負う自家保険（Self-insured）により運営されている。健康保険が適用される医療行為等に対する報酬は法に基づいて標準価格化されているため、費用抑制の面では国による一定のコントロールが働いていると言えるが、現在は少子高齢化の進行による医療費の高騰と、現役世代の保険料負担の増加が社会的な問題となりつつある状況にある。

　これに対して米国では、医療保険の公的給付は高齢者向けや低所得者向けのプランが主であり、民間企業へ勤務する従業員の医療保険は、自助努力による保障の精神の下に、会社が任意で提供する私的保険によりカバーされている。被保険者の対象には、現役の従業員やその家族だけでなく、退職者まで含めているようなケースもある（退職者医療制度）ので注意が必要である。医療保険の保障分野は細分化され、歯科保険や視力矯正保険

が医療保険とは別建てとなっていることも少なくない。保険給付は、従業員数が比較的小規模な場合には保険会社が保障リスクを負う通常の保険（Full-insured）で提供され、従業員数が増えて十分な被保険者集団を構成できるようになるにつれ、自家保険による運営の割合が高くなる傾向にある。なお、最も良い条件で医療保険を適用できる医療機関のネットワーク（HMO；Health Maintenance Organization、PPO；Preferred Provider Organization）など、保険内容により名称や利用条件が異なる）は保険会社ごとに異なっているため、保険会社の切り替えは利用する医療機関ネットワークの変更へとつながる可能性が高い。なお、医療費に標準価格の設定という考え方がないため、もともと費用の抑制が効きにくい環境にあり、総額人件費の30％程度が医療保険関連支出となっている。近年も、医療技術の進歩や医療関連訴訟の増加などを背景に、医療費の高騰が社会問題化している状況にある。

　さて、これらの情報を基に、人事デューデリジェンスをどのように進めていくかを考えてみることにしよう。健康保険（医療保険）の保障範囲は広く、また保障の仕組みも複雑であるため、デューデリジェンスの手順としては、まずは制度に関する規約・規程類、従業員説明資料などを精査して保障内容・給付内容や保険会社・保険形態（Self-insured/Full-insured）、自己負担・保険料負担の正確な把握に努めることから始めることになる。対象企業が米国企業である場合には、近年実施企業数は減少傾向にはあるものの、退職者医療制度の有無についても確認する必要がある（なお、本項では日本および米国の例を取り上げているために対象企業を米国企業としているが、退職者医療制度に関してはその他の国・地域においても実施されているケースがあり、デューデリジェンスに際しては特に留意する必要がある）。対象企業が日本企業で自社設立の健康保険組合がある場合は、健康保険組合の決算書などの情報も可能なかぎり入手して財政状況を確認しておきたい。

　さらにPMIを想定した場合、健康保険（医療保険）の運営をどのように引き継ぐのか、様々な事態を想定して制度運営コストを見積もることが求められることになる。

例えば、対象企業が健康保険組合に加入している日本企業の場合は、現在の健康保険組合に継続して加入できるか否かをあらかじめ想定する必要があるだろう。単独企業のストック・ディールであれば制度変更することなく継続加入が可能となり、あまり問題は生じないと思われるが、大手企業や企業グループからのカーブアウトの場合は、TSA（Transition Service Agreement）の期間中は現在の健康保険組合への継続加入が認められる可能性が高いものの、その後は

　(A)　対象従業員数が健康保険組合を設立するのに十分な人数がある場合（単独設立なら700名以上）は、TSA期間経過後に設立する健康保険組合へ加入する

　(B)　(A)に該当しない場合は、複数企業で構成される同業界または同地域の健康保険組合か協会けんぽへ加入する

を検討し、これまで加入の健康保険組合が実施していた付加給付や保健事業（予防接種や人間ドック費用補助、その他健康増進策の実施）との給付差や保険料差の補填コスト、制度変更コスト（(A)の場合は設立コストを含む）、および制度運営コストの変動分について見積もり、必要に応じて売買価格へ反映できるよう準備しておきたい。

　一方、対象企業が米国企業の場合は、現在の保障内容をクロージング後も同等の保険料水準で維持できるか否かが焦点となる。従業員規模の縮小によるSelf-insuredからFull-insuredへの変更を伴う場合には、制度運営コストの上昇は避けられず、従業員が負担する保険料上昇分の補填コストも含めて見積もる必要がある。また、医療保険、歯科保険、視力矯正保険などの異なる保障分野の間で保険を提供する会社が異なる場合には、保険会社を一社に集中することでコストダウンが見こめることがあるが、これは医療機関ネットワークの変更を伴う可能性が高いため、コストダウンあるいは処遇の維持のいずれを優先するかの決断が必要となるだろう。

　なお、グローバル企業の買収であり、十分な従業員数の増加が見こめるような場合には、事業を展開する国・地域のそれぞれで健康保険（医療保険）などの保険ベネフィットを提供している保険会社を、一定の範囲内の保険会社にそろえることによって、グローバルに保険料コストの抑制を期

待することができる国際プーリングの利用検討についても、PMI の段階において取りうるオプションの一つとして触れておきたい。国際プーリングとは、プーリング・ネットワーク提供会社と契約して、それぞれの国・地域で締結している保険契約を国際プーリング・ネットワーク提供会社の設定する保険会社のネットワーク内に"プール"することであり、被保険者集団の拡大によるリスクの抑制と、規模の経済性を活かしたコストダウンが期待されるサービスである。現在、サービスを提供しているプーリング・ネットワーク提供会社は 8 社あるので、各々の国・地域で現在利用している保険会社がどこのプーリング・ネットワーク提供会社のネットワークに近いか、などから検討を開始するとよいであろう。

## 5　住宅補助ベネフィットの概要および着目のポイント

住宅手当、社宅、借り上げ社宅などの住宅補助ベネフィットは、わが国においては会社から従業員に提供される主要なベネフィットの一つに位置付けられている。実際、日本経済団体連合会の福利厚生費調査においても 1955 年の調査開始以降、退職給付を除く法定外福利厚生費支出の中では一貫して首位の座にあり続けている。他の先進国にはないタイプの法定外福利厚生であるため、典型的な「日本型ベネフィット」のような呼ばれ方をすることもある。高度経済成長期の日本の厳しい住宅事情などを背景として、従業員のニーズを満たすために独自の発展を遂げてきた、と言うことができる。

住宅手当はその名前が示すとおり、従業員が住宅関連で支出する経費を会社が手当を支給することにより補助する仕組みである。主に賃貸住宅に居住する従業員に向けての家賃補助として実施されることが多いが、借家・持ち家の区分なく手当として支給されたり、持ち家居住者に対しては住宅手当とは別に、社内住宅ローンの貸付や金融機関が提供する住宅ローンへの利子補給などの持ち家補助施策がセットで実施されたりすることもあり、その形態は会社によって様々である。

社宅・借り上げ社宅は、住宅施設に社宅使用料を徴収して従業員を居住させ、一般的には市場水準よりも安価に設定される社宅使用料と実際の家

**図表3-34** 住宅手当と借り上げ社宅：粗い試算による比較

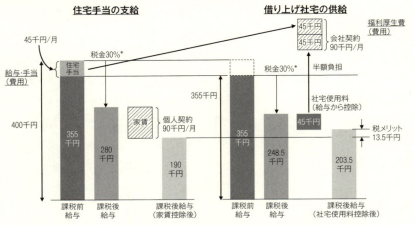

（注）＊30% ＝ 所得税20% ＋ 住民税10% と仮定。実際にはこれに加えて、社会保険料の差によるメリットがある。

賃水準との差額がベネフィットとなる仕組みである。このうち、自社が保有する住宅施設を利用するものが社宅であるが、近年では市場における賃貸住宅を会社名義で借り受け、これを社宅として活用する借り上げ社宅のほうが主流となっている。実際の家賃は会社により支払われ、個人としての課税後収入からの支出とはならないため、住宅手当の支給よりも個人所得課税上は有利（図表3-34）となるメリットを持つ反面、住宅施設の管理や賃貸住宅の契約管理などの負担が発生する点が会社としてのデメリットとなる。

なお、社宅使用料と実際の家賃との差額が一定の基準を超えている場合には、当該部分に対して給与課税されることとなる点には留意する必要がある。借り上げ社宅の仕組みにおいて、元となる給与を実際の家賃に相当する程度の額だけ減少させる等により、従業員に主として節税メリットを与えるようなケースが課税回避とみなされるリスクも指摘されており、制度の設計・実施・運用に関しては専門家の助言を受けることが推奨される。

これらの住宅補助ベネフィットは、全社員を対象とするものばかりではなく、特定の職位・等級以上／以下であることを条件として付与されるものや、転勤者のみを対象として付与されるものなど、付与条件は様々であ

る。転勤者のみを対象として付与されるケースでは、持ち家のある地域を離れて家族帯同で赴任する者には追加で留守宅手当が支給されたり、家族を離れて単身で赴任する者には追加で単身赴任手当が支給されたりすることもあり、これらも広義の住宅補助ベネフィットに含めることができるだろう。このように転勤者のみを対象としている住宅補助ベネフィットは、会社の命を受けて赴任地へ転居せざるをえなくなることに対する生活面での補償的な側面を持っており、グローバル人材モビリティの処遇設計において考慮される生活保障的な要素と、基本的な考え方は共通するものと言うことができる。

さて、これらの住宅補助ベネフィットは、国内企業による国内企業の買収（In-In）や海外企業による国内企業の買収（Out-In、Inbound）の際に人事デューデリジェンス上のベネフィットに関する主要なトピックとなる。

人事デューデリジェンスにおいては、まず制度の対象とされる従業員の範囲と、付与されているベネフィットの金額規模を正確に把握することが重要となるだろう。住宅補助ベネフィットは多くの場合に、複数制度の組み合わせで提供されており、かつそれぞれの付与水準に地域による差が設けられていたり、付与条件について、例えば住宅手当は職位や等級を軸にした付与が行われているが、借り上げ社宅は転勤者に限定されている、等の異なる運用が行われていたりすることもあるので注意が必要である。これまでに述べてきたように、住宅補助ベネフィットの付与水準は社宅規定や適用者数などを確認するだけでは把握することができない。社宅の場合は住宅施設の近隣における同等物件の家賃水準、借り上げ社宅においては実際に支払われた家賃水準などのデータを基に、付与されているベネフィットの金額規模をできるかぎり正確に見積もる必要がある。全体を明らかにするには相応の作業負担が必要であることはあらかじめ認識しておく必要があるだろう。

さて、PMIを想定した場合には、これらの住宅補助ベネフィットをどのように引き継ぐのかが最大の焦点となる。まず社宅に関しては、ストック・ディールかつ当該住宅施設が対象資産に含まれている場合に限り、引き継ぎについて検討することができるが、その他の場合には基本的に引き

継ぎは難しいと考える必要があるだろう。借り上げ社宅に関してもストック・ディールの場合には引き継げる可能性があるが、仮に不動産管理会社との契約が引き継げるとしても、個々の家主が借り主である企業の変更に難色を示すケースがあるので、油断は禁物である。社宅・借り上げ社宅について引き継ぐことができない場合には、入居している対象従業員は基本的に退去しなければならなくなるため、クロージングまでに退去を完了して代替制度へ移行するか、TSA（Transition Service Agreement）に織りこんで一定期間現在の取り扱いを維持できるようにしておき、その間に退去の完了と代替制度への移行を行う必要がある。この場合の代替制度としては、住宅手当などの金銭支給への転換が想定されるが、社宅使用料と実際の家賃との差を手当化すると相当な額に達することがあり、総給与の上昇に伴う税・社会保険料負担の上昇について補填するか否か、社宅・借り上げ社宅を利用していなかったその他の従業員との間の公平性をどのように維持するか、などの新たな論点についての検討が必要となる。このほか、営業拠点が日本全国に展開されているなどの場合には、人材モビリティの観点から、単身赴任社員や転勤社員には同様の制度を新たに設置して維持するなどのバリエーションについても検討する必要があるだろう。

　PMIを想定した場合に検討すべき課題があると思われる、その他の住宅補助ベネフィットについてもここで整理しておきたい。社内住宅ローン貸付に関しては、買い主側で新たに社内住宅ローンとして引き受けるか、金融機関の提供する住宅ローンなどへの借り換えを実施することになる。住宅ローン利子補給に関しては、金融機関がそのままのローン契約の継続を認めないケースがあり、その場合には同一金融機関の別の住宅ローン契約か、他の金融機関の住宅ローンへの借り換えを実施する必要がある。住宅ローンの借り換えは、従業員個人の信用力に加え、買い主企業の社会的信用（例えば海外企業などにおいては、日本で事業を開始して何年になるか、等）なども考慮されるため、それほど簡単ではない。また、個々の従業員にとっても経済的に大きなインパクトを持つため、アセット・ディール（事業譲渡／取得）のように転籍に関する従業員の個別同意が必要なケースでは、同意獲得へ向けての障害となる可能性が高くなることが懸念さ

れる。PMIを想定した早めの対策と、従業員コミュニケーションによる十分なフォローが必要となるだろう。

なお、クロージング以降早期に基本給・賞与等インセンティブ報酬水準の引き上げなど、住宅補助ベネフィット以外の処遇の面で明確な改善が見こまれるようなケースや、クロージング時点から一定期間（例えば２年等）を区切ってその後の処遇改善が約束されるようなケースにおいて、売り主・買い主の合意の下に、これらの住宅補助ベネフィットをバイアウトと呼ばれる手法で段階的に廃止するプロセスが採用されることがあるが、これについては後の項で説明することにする。

## 6 年次有給休暇の概要および着目のポイント

年次有給休暇に関しては、わが国ではこれまでベネフィット項目の一つという考え方はあまりなされておらず、長い間、所定労働時間などとともに、労働条件の一部として取り扱われてきた。これに対して、欧米諸国では従前より主要な法定外福利厚生の一つとして明確に認識されている。このように両者における年次有給休暇の考え方に差が生じている理由としては、一つは年次有給休暇の用途や従業員の意識の違いに起因する、企業経営に与える重要度の差にあると指摘されている。

日本では、年次有給休暇とは別に有給の病気休暇を設定している企業はあまり多くないので、従業員には病気による欠勤に備えて年次有給休暇を取得せずに残しておこうとするインセンティブが働きやすく、加えて各社の社内文化や日本人特有のメンタリティなどを背景に、そもそも従業員が任意に休暇を取ることに対して積極的になれない環境に置かれていることが多いとされる。このため、年次有給休暇の制度はあっても休暇の取得率は一般的にあまり高くなりにくい。さらに、従業員の退職時にも未消化の累積年次有給休暇の買い取りは一般的には行われていないことや、日本の企業会計基準においては年次有給休暇の付与や消化について特段の会計処理が要請されていないことなどもあり、企業にとっては、年次有給休暇の存在について、従業員の健康管理以上の理由で重視する必要性を感じさせないものになっていると考えられる。

一方、欧米諸国では年次有給休暇は病気休暇とは別に位置付けられ、年次有給休暇の取得は従業員が当然に行使できる権利とされており、取得率も高い水準で安定している。このため、企業においては、従業員が当期働いたことによって来期以降で取得される年次有給休暇について、休暇期間中に支払われる給与を今期中の費用として計上することなどにより、提供を受ける実際の労働力とその対価である人件費の支払い時期のずれの解消を迫られることになる。実際、国際会計基準・米国会計基準のいずれにおいても有給休暇引当金の計上が要請されることとなっており、企業経営の視点からも重視せざるをえないベネフィットとなっている。

　近年進展している企業会計基準の国際標準化の流れの中で、日本でも国際会計基準の適用を検討する企業が増加し、その結果として、この有給休暇引当金の取り扱いにも注目が集まるようになっている。これまで、日本企業と欧米企業との間では計上されている項目・指標の違いなどから人件費水準・労働費用の比較は困難なこととされてきたが、今後はこうした点からも同様の認識を行うか、項目・指標の読み替えを行うことで経営の視点からの比較可能性を高めていく努力をする必要があるだろう。少なくとも、海外企業へのクロスボーダーM&Aを手がけるような企業においては、人件費・人材投資に関してのグローバル共通な尺度を持てるようにしておきたい。

　さて、年次有給休暇に関して、人事デューデリジェンスにおいては有給休暇引当金残高や繰入額・取崩額などの会計開示情報、および規約・規程類における内容の確認を行うことに加え、可能であれば対象従業員の個人レベルで、難しいようであれば一人あたりの平均値として、対象従業員の勤続年数や未使用の年次有給休暇累計などの確認を行うことが考えられる。

　PMIを想定した場合には、年次有給休暇に関しては過去分（未使用の累積年次有給休暇）と将来分（今後付与される年次有給休暇）に分けて考える必要がある。まず過去分についてであるが、未使用の累積年次有給休暇に関して、ストック・ディールの場合はそのまま引き継ぎが基本となるだろう。アセット・ディールの場合は、一般的には転籍時にいったん清算（未使用の累積年次有給休暇に関しては売り手で買い取る）となるが、転

籍同意書に明記することで買い手が引き継ぐ、となるような場合もある。これらの取り扱いは売り手・買い手の間の合意の下で決定されることになるが、いずれの場合も想定しておく必要があるだろう。なお、各々の会計基準上の取り扱いの差はあるとしても、グローバル共通な尺度に基づくとすれば、今後は買い手に引き継がれる未使用の年次有給休暇は債務として、売買価格への反映が必要とされるようになるだろう。日本企業の買収案件などで有給休暇引当金を未計上の場合には、売買価格への反映額も大きくなるので、留意するようにしたい。

次に将来分については、買い手により今後付与される年次有給休暇の水準が、売り手により付与される水準よりも低い場合には、PMIにおいてその差をどのように解消していくかを考えておく必要がある。年次有給休暇単体で1年〜2年の期間を設けて段階的に付与日数を変更して近づけていく方法もあるが、住宅補助ベネフィットの項で述べたように、付与日数の差をその他のベネフィット項目と合算してバイアウトと呼ばれる手法で段階的に廃止していくような方法も想定される。

国内企業による海外企業の買収（Outbound）の際、年次有給休暇の取り扱いに関して、対象従業員の関心レベルは一般的に非常に高く、日本人の感覚を超えることも多い。これは、ベネフィットの中でも日々の生活に最も近く、利用する可能性が高い、ということが背景にあると思われるが、クロージング前後の従業員コミュニケーションに際しては、このような点にも気を付けておくようにしたい。

## 7 人事デューデリジェンスにおけるSide by Side分析の活用と売買価格への反映

さて、本節最後のこの項では、これまでに述べてきたデューデリジェンスにおける視点・PMIを想定した場合の着目点を人事デューデリジェンスの場面で有効に生かすために、Side by Side分析（比較対照分析）の活用と、分析結果の売買価格への反映について触れたいと思う。

人事デューデリジェンスの場面で項目別の比較分析に活用される、Side by Side分析の一例を図表3-35に示す。ベネフィットを例にあげれば、退職給付、健康保険（医療保険）などの各項目別に、対象会社（売り手）の

**図表3-35　Side by Side分析の一例：ベネフィット**

| 項目 | 対象会社制度内容 | 自社制度内容 | 市場の状況コメント | クロージング時点処遇案 | クロージング＋2年処遇案 |
|---|---|---|---|---|---|
| 退職給付 | ×××  | ××× | ××× | ××× | ××× |
| 医療保険 | ××× | ××× | ××× | | |
| 生命保険・損害保険 | ××× | | | | |
| 住宅補助 | | | | | |
| 有給休暇 | | | | | |
| 各種手当・補助金 | | | | | |
| 人材育成支援 | | | | | |
| | | | | | |

　制度内容、買い手の制度内容、市場水準や市場慣行、統合後の処遇案を横一列に並べたものとなる。実際の分析結果ではこれら一つひとつの項目が、長いものでは数ページにわたるような記載内容となる。

　ストック・ディールの場合など、現行の処遇の維持が優先され、目指すべき処遇案に移行するのに時間を要するような場合には、統合後の処遇案について、図表3-35の中にも示しているように、クロージング時点、およびクロージングから1年〜2年後など、時点を分けて2列に表示することなども行われる。分析表作成の目的は、対象企業と自社とのギャップを明確にすることはもちろんのこと、処遇項目全体を俯瞰しながら、市場情報などを基にした理想型としての統合後の処遇案と、現実としての対象企業および自社処遇との乖離幅の大きさや、統合に要する金額の規模感（一時の負債増、のようなB/S項目だけでなく、将来コストの増加などにつながるP/L項目を含む）や移行の難易度を一覧できるようにすることにある。ディール上の制約から理想型に直接移行できないような場合にも、段階的な移行を可視化することでPMIにおけるタスクを明確にし、かつ将来必要となるコストの見積もりの精度を上げるために大きな意味を持つと言えるだろう。

**図表3-36** 定量的指摘項目サマリーの一例

| リスク項目 | 財務上インパクト<br>(百万円) | 発生可能性<br>(高/中/低) | 考えられる回避策・軽減策 | 算定方法/計算の前提 |
|---|---|---|---|---|
| Xxxxx | Xxxxx | | | |
| Xxxxx | Xxxxx | | | |
|  |  | | | |

**図表3-37** 定性的指摘項目も含めた全体サマリーの一例

| 項目 | リスク指摘事項 | ディールに与える影響・インパクト(百万円) | 回避策・軽減策 |
|---|---|---|---|
| 組織 | Xxx | | |
| 報酬・評価 | | | |
| ベネフィット | | | |
| Xxx | | | |

> 買い手にとって想定される悪い事態と、そのインパクトの大きさを判断(Red flag、Yellow flag、Blue flag) Flagの色分けは全スコープがそろってから、全体のバランスの下に決定する

　このSide by Side分析で明らかになった統合に要する金額の規模感や移行の難易度は、図表3-36や 図表3-37などの形でサマリーとなり、買収の意思決定に活用される。

　これまでの項目で述べてきたように、退職給付や健康保険(医療保険)など、制度の継続的な提供に関して外部ベンダーの利用が不可欠なベネフィット項目においては、PMIの時点で制度運営コストの上昇が見こまれることがある。制度運営コストの増減の見こみ方によっては売買価格に大きな影響を与えることも想定されるため(図表3-38)、そのような場合には、金額規模の重要性から、売買価格へ反映させるべきか否かを慎重に判

**図表3-38　事業価値の算定結果に影響を与える総額人件費の増減**

- 将来のキャッシュフローに影響を与える P/L 項目は、事業価値の算定において重要な前提となる。

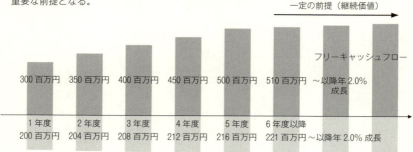

DCF法による事業価値算定：例1
[前提] 加重平均資本コスト（WACC）8.0%

$$\frac{300}{1.08}+\frac{350}{1.08^2}+\frac{400}{1.08^3}+\frac{450}{1.08^4}+\frac{500}{1.08^5}+\frac{510/1.08^5}{0.08-0.02}=7{,}352\text{ 百万円}$$

- 将来のコストの増減をどう見こむかに加え、人事施策でコントロール可能なコスト変動か否かの見きわめも必要となる。

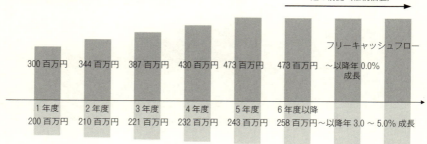

DCF法による事業価値算定：例2
[前提] 加重平均資本コスト（WACC）8.0%

$$\frac{300}{1.08}+\frac{344}{1.08^2}+\frac{387}{1.08^3}+\frac{430}{1.08^4}+\frac{473}{1.08^5}+\frac{473/1.08^5}{0.08-0.00}=5{,}542\text{ 百万円（△1,810百万円、△24.6\%）}$$

断する必要があるだろう。

　さて、住宅補助ベネフィットの項でも少し触れたが、クロージング後に「同等な」処遇を用意することが条件とされているにもかかわらず、各ベネフィットの内容を項目別に引き継いだり、差の調整を行ったりすること

**図表3-39** バイアウトコスト算定表の一例

| 項目 | 制度概要 | バイアウト算定方法案 | バイアウト金額（百万円） | 計算の前提・コメント |
|---|---|---|---|---|
| 退職給付；付加年金 | ××× | クロージング時算定基礎給×個人別乗率×□月 | ××× | ××× |
| 医療保険；従業員負担保険料差 | ××× | 基本給年額／12×□.□□%×□月 | ××× | ××× |
| 医療保険；保障給付差 | ××× | | | |
| 各種保険；保障給付差 | | | | |
| 有給休暇；付与日数差 | | | | |
| 各種手当・補助金；住宅ローン補助金 | | | | |

が困難な状況で、かつクロージング以降、早期に基本給・賞与等インセンティブ報酬の上昇など、ベネフィット以外の処遇の面で改善が見こまれるようなケースや、クロージング時点から一定期間を区切ってその後の処遇改善が約束されるようなケースにおいて、売り主・買い主の合意の下に、これらのベネフィットをバイアウトと呼ばれる手法で段階的に廃止するプロセスが採用されることがある。この場合は、各ベネフィットを対象企業の実績データなどを基に一定の計算の前提を置いて基本給や年間総報酬に対する割合のような形で金額に換算し（図表3-39）、一時金として数回に分けて対象従業員に支払うような方法が取られる。このバイアウトに要するコストも売買価格へ織りこむ必要がある。

# 5 人事IT（HRIS）の活用

## 1 人事ITソリューションの効果

インターネットの発達で、社員とのコミュニケーションや組織運営にHRIS（HR Information System）が役立つようになってきた。

ウェブサイトを使えば、M&Aについての社長のプレゼンテーションを

動画に載せたり、社員とのコミュニケーションを双方向で行ったり、PMIにおける社員意識調査（パルス・チェック）を行うというような、各種のコミュニケーション・ツールとして有効である。また、人事ITを通じて、現地と本社との間での経営情報のタイムリーな共有化が可能となる。

PMIでも情報を集約し、統合組織の運営にテクノロジーを活用すべきである。人事関係の情報システム（HRIS）には、人事情報系（人事基幹システム）、業績管理系（タレントマネジメント・システム）、報酬・勤怠管理系（給与計算システム）などがあり、日本企業は既に様々な「日本語」のソフトを使っている。PMIではHRISの統合も検討することになるが、海外買収の結果として多様な社員が増えてくると、多言語対応のソフトが必要になる。買収相手のHRISと比較して優位のものを選ぶか、より使いやすいソフトがあれば統合ツールとして活用すべきである。

人事情報と業績管理系は必要性が高く、幹部人材の把握やPMIの組織設計と運用に効果的である。HRISを使えば、相互の人材に関する多様なデータを関係者が共有して、新組織での人材配置や後継者開発に活かす。目標設定から仕事の進捗、業績評価といったプロセスをシステム上で管理する。さらに要員計画や職種のデータを参照しながら報酬改定を検討するといった、各種人事企画業務のPMIがスピードアップできる。

また、社員の個人情報の更新や休暇の申請や承認、といった人事事務も大幅に効率化できる。社員自らがPC（パソコン）やモバイル端末を操作することで、個人情報を直接データベースで管理できるようになり、人事スタッフの事務処理量は大幅に削減される。こういった機能を持つクラウド上で作動する人事ITソリューションがいろいろ利用できるようになっている。

図表3-40はHRISの画面例で、人事担当者が組織や人事管理、タレントマネジメント、報酬、年金や福利関係に関する規定や情報にアクセスできるようになっている。社員も同じHRISを活用し、自分に関する情報を入力し、また必要となった個人情報（年金の積立情報や年次有給休暇の残りなど）をいちいち人事部に問い合わせなくても端末で即座に確認できる。

PMIのリーダーや人事担当者にとっては、統合組織の設計と人材配置

**図表 3-40** HRISの画面例

**図表 3-41** HRISによる組織運営の支援

は重要な仕事である。人事ITソリューションはそれに役立つ情報をタイムリーに提供することができる。

　図表3-41は組織運営の支援で後継者の育成状況を可視化している例である。統合した組織のポジションに当てはめた人材の特徴と、その後継者

の育成状況が可視化されており、後継者がいて本人への次のキャリアが示せる状況になっている状態のポジションや、後継者がいなかったり、本人が辞めるリスクがあるといったポジション（レッドフラック）が色分けされて示されている。こういうこみ入ったポジションと人の状況を全体で示すことで、PMIのポジションと人の配置といった重要な判断を統合リーダーが下す際の、意思決定支援ツールになる。

## 2　人事部もHRISで進化

　このような人事ITソリューションの導入は、人事関連の各種情報収集や事務処理を大きく削減するので、人事部の業務の再設計が必要になってくる。

　多くの企業の人事部のスタッフは、事務業務に多くの時間を割いている。某日本企業において人事スタッフの業務分析を行ったところ、70％がいわゆるオペレーション業務ということがわかった会社もあるほどだ。人事ITソリューションでオペレーションが削減したら人事部スタッフは、より付加価値の高い仕事にシフトすることが求められる。

　これからの人事部に求められる機能は、専門性の発揮（COE；Center Of Excellence）、事業の支援（ビジネスパートナー）、人事オペレーションの運営リードという三つに整理できるだろう。PMIで見れば、専門性の発揮は、シナジー発揮を動機付けるインセンティブ制度の設計や人事諸制度の統合プランの立案や導入に発揮される。事業の支援としては、統合部門のリーダー選定や要所への人材配置の案を統合リーダーに提示し、その実施を支援することになるだろう。人事オペレーションの運営リードについては、人事諸制度の中で統合すべきものを明確して、それについてはプロセスやテンプレートを標準化して人事ITソリューションに反映していく、アウトソース先を適切に管理するといった仕事になるであろう。

　M&Aでの人事部のあるべき姿は、M&Aの目的や戦略仮説を理解し、それを組織と人につなげるようにデューデリジェンスからPMIをリードすることだろう。デューデリジェンスの段階から相手リーダーが戦略仮説に共感し、統合を一緒にリードできそうな人材かのあたりをつけ、相手の

人材マネジメントの思想や人事制度やその運営の実態を把握したうえで、各部門のキーマンを把握し、PMIの組織と人材関係のプランを作成して、それを統合リーダーに提案する。そしてその実施をPMO（Project Management Office）として推進することである。それを実現するためのHR部門の融合と統合も重要である。買収によって加わった人事スタッフも合わせて今後の人事部の目指すモデルを作成し、本社が決めるもの、地域に任せるものをきちんと定義して、人事インフラはHRISを用いて効率化する。その際に、このような取り組みをリードできる人材を本社の人事部門に配することがこの成否の鍵を握るだろう。

# 第4章 ソフト面（企業・組織文化）のPMI

## 1 企業文化とは何か？

### 1 M&Aの成否を分ける企業文化

M&Aの実施後に、なかなかそのシナジーを実現できないというケースは残念ながら少なくない。その要因は案件ごとに様々だろうが、大きな傾

**図表4-1** M&A後のシナジー実現を阻害する要因

| ランキング | シナジー実現の落とし穴 | 悪影響度 |
|---|---|---|
| 1 | 相容れない企業文化 | 5.60 |
| 2 | 相手企業に対する管理能力の欠如 | 5.39 |
| 3 | 変革実行力の欠如 | 5.34 |
| 4 | シナジーの不在あるいは過大評価 | 5.22 |
| 5 | 将来事象の予見不足 | 5.14 |
| 6 | 経営スタイル／自尊心の衝突 | 5.11 |
| 7 | 過大な買収金額 | 5.00 |
| 8 | 相手企業の過度な不健全さ | 4.58 |
| 9 | 過度なスピンオフあるいは清算の必要性 | 4.05 |
| 10 | 相容れないマーケティング・システム | 4.01 |

（注）フォーブス500社CFOへの調査。7を最高とする7段階評価、2010年。

向として、買収企業と被買収企業の文化の違いがあげられる。

　フォーブスの調査によると、M&A後のシナジー実現を阻害する要因として、悪影響度が最も大きいとされたのが、「相容れない企業文化」だった（図表4-1）。企業統合を社員の立場で経験した方の多くから、「相手先の会社とのカルチャーの違いが多々あり、いろいろ苦労している」という声も聞く。

　「シナジーの早期実現を図り、M&Aを成功に導くためには、買収企業と被買収企業の文化の違いへの適切な対応が重要である」ということへの異論はないだろう。しかし、一言で"企業文化"と言っても、人によって捉え方が異なるかもしれない。"企業文化"とは何を意味する言葉なのだろうか？

## 2　企業文化とは "The Way We Work"

　そもそも"文化"という言葉の定義にも諸説あるが、『大辞泉』（小学館）では、「人間の生活様式の全体。人類がみずからの手で築き上げてきた有形・無形の成果の総体。それぞれの民族・地域・社会に固有の文化があり、学習によって伝習されるとともに、相互の交流によって発展してきた」としている。"企業文化"を同様の視点で捉えるならば、「その企業の社員が、他社の社員とは異なって独自に有している考え方や行動の様式」と表すことができる。

　例えば、各企業は以下のような要素について、独自の様式を持っている。

- 意思決定の速さや決裁方法…トップダウンによるスピーディな意思決定か、根回しを重視した慎重な意思決定か、など
- 取引先との向き合い方・関わり方…ベンダーか、パートナーか、など
- 評価の考え方、失敗の捉え方…加点主義か、減点主義か、失敗を奨励するか否定するか、など
- 若手の育成方針…徒弟的な育成か、自主的な成長を促すか、など
- 社員間の関係性…上位下達かフラットな関係性か、役職で呼び合うか"さん付け"で呼び合うか、など

上記のような様式はすべて、その企業における基本的な"仕事のやり方"を示したものであり、これを複合的に捉えたものが企業文化と言える。つまり、企業文化は「その企業の社員が慣れ親しんだ仕事のやり方＝The Way We Work」と定義できよう。
　本章では、企業文化をこのように、「慣れ親しんだ仕事のやり方」と捉え、M&A、特にPMIの場面において、買収企業と被買収企業間で異なる「仕事のやり方」をどのようにマネージすることが適切であるかを考えていく。

## 2　統合後のあるべき企業文化とは？

### 1　統合後の企業文化構築のアプローチ

　仕事のやり方は企業ごとに固有なものであり、M&Aにおける買収企業と被買収企業では、仕事のやり方、すなわち企業文化は異なる。同じ業界や経営者の考え方が近しい企業同士の統合の場合に、比較的似たような仕事のやり方が取られているかもしれないが、それでもまったく同じということはないだろう。ちょっとした仕事のやり方の違いが社員にとっては無視しがたいもので、結果的に統合後の業務が円滑に進まない、というケースはよく見られる。
　例えば、目標を100％以上達成して初めて標準評価が得られるA社と、100％未満であっても概ね達成と言えれば標準評価となるB社が統合し、買収側のA社の評価制度が適用されたとする。この場合、B社出身の社員にとっては、評価の尺度が厳しくなる（99％の目標達成でも標準評価を得られなくなる）という変化が起きるが、これにB社出身社員が大きな不満を持ち、少なからずモチベーションが低下し、業務にも悪影響が出るということは十分ありえる。
　このような買収企業と被買収企業の文化の違いがある中で、統合後にどのような企業文化を構築するべきか。大きく分けて三つのアプローチが考えられる。

**図表 4-2　統合後の企業文化構築のアプローチ**

|  | 買収企業の文化 | 被買収企業の文化 |
|---|---|---|
| ①買収企業の文化に融合する | ◆ ← | ▲ |
| ②統合後のあるべき企業文化を新たに策定する | ◆ → ○ ← | ▲ |
| ③当面、両社の現行の企業文化を維持する | ◆ | ▲ |

## ① 買収企業の文化に融合する

　各企業の仕事のやり方は、事業効率を最大化し、好業績を実現することを狙い、時間をかけて作り上げられてきたものである。よって、仮に統合後に買収企業のビジネスや戦略に変化がなく、現状の仕事のやり方に特段の課題が見出されないのであれば、買収企業の文化を見直す必然性は高くない。例えば、救済合併や、確立したビジネスモデルを有する大企業が小規模の同業他社を買収する場合がこれにあたる。こうしたケースでは、買収企業の文化を継続し、被買収企業の社員がその文化を受け入れることが、基本的な考え方となる。

　よく見られるのが、買収側と被買収側、もしくは持ち分比率の差などといった、統合時の両社間の力関係に基づき、やみくもに一方の企業に仕事のやり方を合わせる、というものである。この方法を取ったがために、統合がうまく進まないという事例は実に多いが、その要因は大きく二つある。一つは、統合に伴ってビジネスや戦略が変わる中で、本来は仕事のやり方を見直すべきであるにもかかわらず、一方の企業の現在のやり方を考えなしに踏襲したため、というものである。国内事業で成功した企業が海外の同業会社を買収し、国内での勝ちパターンをそのまま国外で展開したものの、それが通用しない、といったケースが代表例だが、これでは、統合企業として高い業績を生み出すことは難しい。買収企業の文化に合わせるというのは、容易に取り組みやすい施策ではあるが、本当にそれが正しいア

プローチであるのか、しっかりと吟味することが重要である。

　もう一つの要因は、買収企業の文化に合わせることの必然性を被買収企業の社員が納得できない、というものだ。社員は、現在の自身の仕事のやり方、すなわち企業文化にプライドを持ち、それを最善なものと考えがちである。買収企業の文化に合わせるために、慣れ親しんだ仕事のやり方を変えることには、強い抵抗があることは想像に難くない。買収企業の文化に合わせることが、ビジネスや戦略実現の観点から最適であるとしても、被買収企業の社員感情をないがしろにしては、統合は円滑に進まない。

② 統合後のあるべき企業文化を新たに策定する

　シナジーを生み出すため両社のビジネスや戦略に見直すべき点がある場合には、それに合わせて仕事のやり方を新たに作り出すことが望ましい。A社が持つ競争力の高い製品を、まったく異なる市場でビジネスを営むB社の販路に乗せて売上げ拡大を図るというケースでは、両社の社員がともに、新たな知識を身に付け、勝つために必要な仕事のやり方を生み出していかなければいけない。

　注意すべきは、新たな企業文化の骨格を誰が作るのか、という点である。買収企業出身者のみで検討を進めると、被買収企業出身の社員の反発が懸念される。仮に新経営陣の多くを買収企業出身者が占めたとしても、被買収企業出身の社員も検討プロセスに巻きこみ、両社出身者の協働という形で、新たな企業文化を作り上げることが有効だ。そして、新たな企業文化を社員に発信する際には、検討プロセスについても合わせて説明を行うことが肝要である。

　また、このアプローチは、①買収企業の文化に融合するとは異なり、被買収企業出身者にとどまらず、買収企業出身の社員にも、仕事のやり方の変化を強いるものであるため、彼らが無理解や抵抗を示す可能性がある。統合後のビジネスや戦略を丁寧に説明し、その実現のために企業文化の改革が不可欠であることをしっかりと訴求すべきである。

　統合直後には、今後のビジネスや戦略が固まっていないこともあるだろう。このような場合は、当面は現状の業務を継続しながら、固まり次第、

第4章　ソフト面（企業・組織文化）のPMI

あるべき企業文化を速やかに構築していくことになる。それまでの間は、新たな企業文化についてのおおよその方向性や、先行して実施する統合施策を、出身会社を問わずすべての社員に伝え、どのような変化が起きそうであるかを心づもりさせておくことが重要である。驚きをもって受け止められる情報は、それが社員にとってネガティブなものであればなおさら、否定的に受け止められることに留意したい。

### ③ 当面、両社の現行の企業文化を維持する

事業ポートフォリオの最適化を図ることや、財務的な統合のみがM&Aの目的である場合には、直接事業に関わる実務については、当面は買収企業と被買収企業のそれぞれが現在の組織・人材で現行のビジネスを継続する、ということもよくある。例えば、海外で同業種の企業を買収し、現地の経営にしばらく手をつけないというのは、前述のとおり日本企業によく見られるものである。

このようなケースでは、買収企業と被買収企業はともに、仕事のやり方を変更する必然性は高くなく、それぞれが現在有する企業文化を維持する、ということも選択肢となる。

被買収企業の社員の視点に立つと、統合後も企業文化に変化がないことについて、日本人は安心感を持ち前向きに受け止める傾向がある。ところが欧米では、「統合の意味がない」「どのような変化が想定されるのか、早く知らせるべき」など、否定的な捉えられ方がされやすい。このようなギャップがあるため、日本企業が海外企業を買収する際に、社員の不安の払拭を狙い、あえて被買収企業の仕事のやり方に手を加えないとすることが、かえってネガティブな反応を生み出してしまうことがある。特に海外買収の案件では、当面は双方の企業文化に変更がないとしても、いつどのような形で統合が進み、社員にどのような変化・影響が起こるのか、といったマイルストーンを早期に示すことが望ましい。

また、技術力の高いベンチャー企業などでは、その技術の核を生み出す創業者やコア人材が企業文化のシンボルになっている可能性がある。そこに干渉すると、彼らを否定することになりかねず、最悪の場合には離職し

てしまい、入手したかった技術そのものが手に入らなくなり、結果として買収の目的が果たせなくなるリスクもある。創業者が強い影響力を持っている場合などでは、統合方法に十分な注意を払うことが重要である。

### 2　統合後の戦略実現に資する企業文化を作る

　ここまで企業文化融合の三つのパターンを見てきたが、留意をしていただきたいのは、どのパターンが正しいという解があるのではなく、統合の目的や方法、統合後の事業・戦略を踏まえて、最適なパターンを選択するということである。企業文化とは"仕事のやり方"であり、その仕事のやり方が統合のシナジー実現に資するものとなるように、あるべき企業文化の構築を図りたい。

## 3　どのように相手の企業文化を知るか？

### 1　PMIは相手の企業文化の理解から始まる

　統合を円滑に推進するうえで、企業文化の視点からまず必要となるのは、相手の企業文化の理解である。適切に相手企業の文化を把握できれば、PMIにおいて企業文化の融合に必要な手立てを見出すことが可能となる。

　被買収企業の文化、すなわち仕事のやり方を知るには、PMIの一環として、統合後に協働することが最も手っ取り早い。しかし、事前にある程度の文化を把握することができれば、統合前からPMIに向けて必要な手立てを講じ、スムーズな立ち上げを実現することができる。ここでは、デューデリジェンスの時点から実施可能な相手企業の文化を理解するための方策について考えたい。

### 2　デューデリジェンスを通じて相手の企業文化の仮説を作る

　デューデリジェンスのフェーズ、特にディールの初期においては、被買収企業の内部情報の入手が困難であることが一般的である。社員はおろ

か、経営陣にも直接アプローチできない、ということもよくある。このような状況では、可能なかぎりの情報を収集し、相手企業の文化の仮説を作ることに取り組みたい。これにより、一定の精度を持って、PMIで必要な施策を立案することが可能となる。

### ① 被買収企業の公開情報の活用

まず注目したいのは、被買収企業のウェブサイトである。具体的には、以下のような情報を活用する。
- ⅰ）経営理念（ミッション・ビジョン・バリュー）
- ⅱ）経営者の対外発信メッセージ
- ⅲ）採用情報等にある求める人材像や社員紹介
- ⅳ）組織図

#### ⅰ）**経営理念**（ミッション・ビジョン・バリュー）

経営理念は、企業の普遍的な存在意義を表すミッションや、ミッション実現に向けて中期的に実現すべき状態を示すビジョン、そしてビジョン達成のために社員が大切にすべき価値観・行動を取りまとめたバリューで構成される。企業ごとに、経営理念の定義の仕方は若干異なるが、概ねこうした要素を盛りこんだ概念が発信されていることが多い。

企業文化の視点から特に注目したいのはバリューである。その企業の社員が何を大切にすべきかを表したものであり、仕事を進めるうえで重視すべきことが何とされているかがわかる。例えば、"既存顧客に最優先で対応する"というバリューを持つ企業は、新規顧客の獲得よりも、既存顧客の維持深耕に重点を置いた業務がなされている、と仮定できる。また、バリューの並び順からも、その企業の価値観を見ることができる。複数の項目がある中で、人材育成に関連するバリューを最初に掲げている企業では、社員の成長を大切に捉えていると考えられる。このような視点から、相手企業の文化を類推してみると、様々な仮説を作ることができる。

仮に、あまり特徴のないバリュー（仕事に前向きに取り組む、など）である場合には、その企業がバリューに重きを置かない企業文化であるとも

**図表4-3** 経営理念(ミッション・ビジョン・バリュー)

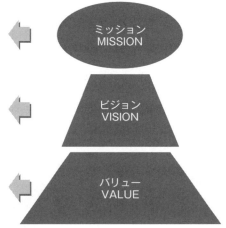

考えられる。

## ⅱ) 経営者の対外発信メッセージ

　自社のウェブサイトで、経営者がメッセージを発信していることがある。また、過去に雑誌や新聞、テレビ等のメディアで受けたインタビューなどがあれば、それらも是非入手したい。こうした情報は、経営陣が何を大切と考えているのかということや、何が業務上のKPIもしくは重視すべきこととされているかを把握するうえで、有用なものである。

　ただし、インタビュー記事は、あまりに古いものは情報としての鮮度に欠ける。特に会社の事業や戦略に大きな転換があった場合には、それ以前に発信されたメディアからの情報は、参考にしないほうがよいだろう。現在の中期経営計画の施行後の記事等であれば、時宜に概ね合った情報として活用できる。

## ⅲ) 採用情報等にある求める人材像や社員紹介

　ウェブページの採用情報は、その企業において優秀とされる社員像を知るうえで大変参考になる。求める人材像が記されていることもあり、これ

とバリューを読み合わせることで、その企業の社員に必要となるコンピテンシーや価値観を、より具体的に把握することができる。

　また、社員紹介が掲載されていると、一部の社員ではあるが、その会社で働く人々の業務や人となりを知ることができる。社員紹介に出てくる人材は、当該企業でもある程度優秀であり、かつ主要な職務に就いていることが主であるので、その会社の社員の雰囲気を垣間見るうえで有用な情報である。

### ⅳ）組織図

　"組織図を見ると、その企業の戦略が見える"とはよくいわれることだ。ウェブサイト等で組織図が公表されていれば、是非じっくりと確認したい。どのような職種に組織・人材を手厚く配置しているか、組織図を通して見ることで、その企業が重視する業務が見えてくる。また、ヒエラルキー（階層）の多さにも注目したい。階層が少ないフラットな組織であるのか、細かく階層を刻んだ官僚型の組織であるのかによって、そこで働く社員一人ひとりが持つ権限や働き方を類推することができる。

### ②　国の文化の差

　被買収企業が海外の会社である場合や、国内の買収でも外国人社員が多数いる企業が相手の場合は、国の文化差に注目して、その企業の文化を推し量ることも有効である。

　文化の国際間比較は、様々な形で分析されている。例えば図表4-4のルイス・モデル（Lewis Model）は、能動性・受動性という切り口で、国ごとの文化を相対的に示したものである。この調査によると、ベトナムや日本をはじめとしたアジア各国は、受動的文化が強く、会社のメッセージや施策を受動的に受け入れる傾向がある。一方、ドイツ・英国・米国などの西欧は直線的な能動性が強く、計画的に物事を推し進めることを好むとされる。そしてラテン系・アフリカ系の国は多面的に能動的で、個人間の対話を重視する文化を持つ。こうした文化の違いを踏まえ、相手企業の社員が前向きに統合を受け止められる働きかけ方を検討することが重要であ

**図表4-4** 各国の能動性に関する文化比較（ルイス・モデル：Lewis Model）

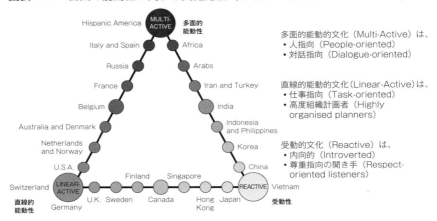

る。

**受動的文化（Reactive）**　状況対応型。状況変化に対応する力が強く外圧に対する反応力がある。このため、危機には強いが、自身が積極的に変わることには前向きではないという側面がある。

**多面的能動的文化（Multi-Active）**　多様性の中で、活発・積極的な議論を通じた意思決定を図る傾向が見られるが、必ずしも目的を重視していないために、効率的な意思決定がされないこともある。

**直線的能動的文化（Linear-Active）**　目的達成に合理的かつ積極的であり、必要に応じて変化を受け入れる傾向がある。Multi-Activeのような、いわゆる"あそび"が受け入れられにくい。

別の切り口では、各国の対人コミュニケーションに関する文化の違いを比較した分析も多くある。例えば図表4-5は、日本と米国の文化を比べたものである。

また、当社をはじめとしたプロフェッショナル・ファームでは、様々なサーベイを毎年実施しており、各国の雇用慣行や社員の考え方についての最新の情報を分析して提供している。図表4-6は、当社がグローバルに実施した、エンゲージメントの要素、すなわちどのような企業で前向きに勤

**図表4-5　日米の対人コミュニケーションの文化比較**

| 項　目 | 日　本 | 米　国 |
| --- | --- | --- |
| 社会認知 | 無言実行、沈黙は金<br>帰納的 | 有限実行、沈黙は無能の証<br>演繹的 |
| スタイル | 間接的<br>含蓄のある表現 | 直接的<br>明快で論理的 |
| 話の構造 | 背景や状況、具体例の後に結論 | 結論が最初 |
| 理解する／させる責任 | 聞き手<br>以心伝心 | 話し手<br>標準化、マニュアル化 |
| 内容への関心 | 細部へのこだわり | コンセプト重視 |
| 直接的アイコンタクト | 失礼で脅しや挑戦と受け取られる | 自信と信頼を伝える |
| ボディランゲージ | 繊細で謙虚な表現 | 誇張するくらいで問題なし |
| 質問のタイミング | 話が終わったら | 話の合間 |
| 多様性への受け入れ | 集団が受容できるものを取捨選択 | 社会構造としてルール化 |

**図表4-6　各国で重視されるエンゲージメントの要素**

| ドライバー | グローバル | 日本 | オーストラリア | 中国 | 香港 | インド | インドネシア |
| --- | --- | --- | --- | --- | --- | --- | --- |
| 1 | リーダーシップ | ストレス、業務量のバランス | ストレス、業務量のバランス | コミュニケーション | リーダーシップ | ストレス、業務量のバランス | ストレス、業務量のバランス |
| 2 | ストレス、業務量のバランス | 企業イメージ、社会的使命 | 企業イメージ、社会的使命 | 権限委譲 | ゴール・目標 | ゴール・目標 | リーダーシップ |
| 3 | ゴール・目標 | 上司とのかかわり | リーダーシップ | ストレス、業務量のバランス | ストレス、業務量のバランス | 業績管理 | ゴール・目標 |
| 4 | 上司とのかかわり | ゴール・目標 | ゴール・目標 | ゴール・目標 | 給与 | コミュニケーション | 福利厚生 |
| 5 | 企業イメージ、社会的使命 | 福利厚生 | 給与 | 上司とのかかわり | 上司とのかかわり | 上司とのかかわり | キャリア開発 |

（出所）ウイリス・タワーズワトソン「2012 Global Workforce Study ─ Global Results」。

務できるかを各国のビジネスパーソンにうかがった調査の結果の一部である。1位にあげられるのは、グローバルではリーダーシップだが、日本ではトップ5にあらわれない。これらのような調査も、PMI施策を立案するうえでは有効な情報となる。

こうした国ごとの文化の比較情報を活用する際には、いたずらにステレオタイプとならないことに注意する必要があるが、一定の特徴を示すものと捉え、相手の企業文化の仮説構築に用いるという意味では、役立つ情報と言えよう。また、多国籍の社員から成る企業を買収するというケースでは、マジョリティとなる社員の国籍に基づき仮説を検討する必要があるが、異なる文化的背景を有する社員も存在することへの留意も欠かせない。

## 3 相手とのコンタクトを通じ企業文化の仮説を深める

ディールがある程度進んでくると、相手企業との直接のコンタクトや、内部資料の入手が可能となってくる。公開情報や国ごとの文化比較で検討した仮説の検証や肉付けができるようになり、より具体的なPMI施策の立案を開始できる。

### ① 被買収企業との直接のコンタクト

企業文化を把握するという意味では、できるだけ多くの被買収企業の社員から、仕事のやり方や重視する価値観などについて、直に話を聞きたいところだが、効率性やコンタクトの容易性、またその時点でのディールの秘匿性を担保するためには、以下の手法が取られることが多い。

　ⅰ）経営陣を対象としたインタビュー
　ⅱ）全社員向けアンケート

### ⅰ）経営陣を対象としたインタビュー

被買収企業の経営陣に対して、企業文化を把握することを目的としたインタビューを実施する。社長はもちろんのこと、主要職務を所管する担当役員や、人事担当役員から個別に話を聞く場面を設けたい。

スタンスとして、相手の自慢話を聞くという形を取ると、有用な情報を

引き出しやすい。創業者や長年被買収企業に勤務する社員に、その企業がいつどのような成果を生み出してきたのかを時間軸の中でヒアリングすることで、会社としての強みや現在の課題、社員の意識などを幅広く把握することができる。

インタビューを通じて、どの統合パターンがベストであるか、その仮説を検討するための情報も得ることができる。様々な変化に対して柔軟に対応してきた歴史を持つ企業であれば、統合後の企業文化を新たに策定することへの反発が発生しにくいかもしれない。もしくは、創業者のカリスマ性が企業文化を創り出している場合には、統合に伴い創業者が一線を引き、その後に影響力を行使しないようであれば、買収企業の文化の徹底を図ることは比較的容易とも考えられる。このように、買収企業の文化と相手の文化との相性の仮説を作ることも、インタビューの重要な目的である。

### ⅱ) 全社員向けアンケート

被買収企業の社員から対面で話を聞くことは、リソースの制約から難しいのが一般的である。アンケートの形式を用いて、広く社員の考えを収集し、企業文化を見出すことが効果的な方法と言える。

当社では、カルチャー・サーベイという手法を用いて、企業文化の把握を行うことがある。例えば、自社が官僚的か起業家的か、リスクを取るかリスクを避けるか、などといった、企業文化に関して対となる概念を複数用意し、現在の自身の会社がどちらに当てはまるかを社員にアンケート形式で答えてもらうものである。

これにより、被買収企業の社員の総意に基づいた、当該企業の文化を把握することができる。この結果、統合後のあるべき文化と大きなギャップが見出されたならば、そのギャップを埋めることが、PMIの主目的の一つとなる。

### ② 被買収企業の内部情報の分析

対面での情報収集のほかに、被買収企業が持つ様々な情報を収集・分析することで、企業文化を具体的に把握することが可能である。以下のよう

**図表4-7** カルチャー・サーベイ

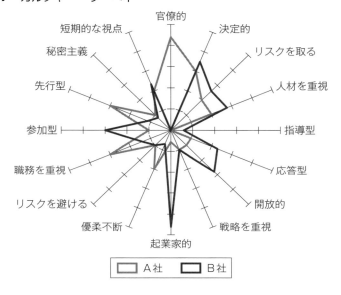

な情報が有用である。
  ⅰ）人事制度
  ⅱ）既存の社員コミュニケーションの情報
  ⅲ）社員意識調査の結果

### ⅰ）人事制度

　人事制度は、企業において重要とされるKPIやコンピテンシーを社員に示し、報酬等を通じた動機付けを図るものであり、社員の仕事のやり方に強く影響するものと言える。これを丁寧に読み解くことで、企業文化の理解を進めることができる。

　等級制度では、その成り立ちや階層の深さ（数）、各等級の定義などが確認事項となる。日本の会社の場合は、職能資格制度なのか職務等級制度・役割等級制度なのか、また昇進昇格における年功の影響度がどの程度か、というのも重要なポイントである。これらを見ることで、その企業と社員が昇進昇格についてどのような考え方を持つかを推察できる。例え

**図表4-8　人材マネジメントのフレームワーク**

　ば、多階層から成る年功色の強い職能資格制度を有する企業の社員は、「将来必ず管理職までは昇格できる」といった"将来期待"を共有している。このような会社を、フラットな階層の職務等級制度を持つ企業が買収する場合には、被買収企業の社員の将来期待にどのように対応するかは、PMIにおいて大きな課題となる。

　人事評価制度は、企業が社員に期待する成果（KPI）や行動、価値観を示したものであり、この内容を精査することで、その企業の社員のあるべき仕事のやり方を把握することができる。明文化されている評価項目のほか、目標管理制度が導入されている場合には、代表的な職務について実際の目標の内容も確認することが有効だ。

　M&Aにおける人事評価制度の統合では、評価項目の統一が一つの課題となるが、それ以上に困難となることが多いのが、評価の目線合わせである。同業種の三つの企業が統合したケースでは、評価についての考え方が三社三様で大きく異なっていた。A社は、100%以上目標を達成してはじめて標準評価が与えられた、つまり99%の達成では低評価となっていた。B社では、概ね目標を達成していれば（例えば90%）標準評価となった。C社は、100%目標を達成すると、標準評価より上の高評価が付与されていた。評価の項目は統一したが、評価の目線のズレを会社として適切に認識していなかったため、統合初年度の評価は大混乱となった。評価制度の統一を図る際には、項目だけでなく、評価の尺度合わせにも十分な配慮が不可欠であり、大きなズレが懸念される場合には、PMIのフェーズでどのように統一を図っていくか、綿密な計画の策定が重要である。

報酬制度は、絶対的な報酬水準や、昇進昇格や評価の報酬への反映方法を規定したものである。企業文化の視点からは、昇進昇格・評価による変動の大きさに注目したい。個人の成果と報酬が強く連動している企業では、社員一人ひとりの成果達成の意識が高く、一方で会社や組織の最適を追求することには積極的でない、という傾向があるものと考えられる。このような企業文化を買収企業と被買収企業で共有していればよいが、仮にそうでない場合に、どのように対応するかは十分な検討が必要だろう。個人成果だけでなく組織への貢献も意識させるために、成果評価と報酬の連動を弱めた結果、社員一人ひとりの業績が下がり、計画していた予算を達成できなかった、といった事例もある。被買収企業の社員が何を自身のKPIと捉えているのかを十分に把握したうえで、最適な動機付けに資する報酬制度を企画することが重要である。

　人事制度を分析する際には、明文化された規定だけでなく、実際の運用状況の確認もしっかりと行う必要がある。制度で謳われていない、暗黙の昇進昇格の慣行があることも少なくない。相手企業の人事部や、第一線で人事制度の運用にあたっているビジネスパートナーなどへのインタビューを通じて、運用面についての情報収集を図りたい。

ⅱ) **既存の社員コミュニケーションの情報**

　経営陣から社員へのメッセージには、社員全体に期待する行動や持ってもらいたい意識・考え方が多く含まれている。経営陣が作っていきたい企業文化が表れたものであり、重要な情報である。以下のような媒体を確認して、経営陣からのメッセージの収集を図りたい。

- 社内報の経営者から社員へのメッセージのページ
- 年頭年末などの経営陣の社員向け挨拶
- その他、経営陣から全社員（もしくは管理職など特定層）へのメール

　また、可能であれば、経営陣からのメッセージに関する社員の関心の大きさも把握できるとよい。例えば、イントラネットでページごとに閲覧数

を確認できるのであれば、それを分析することで、どの程度の割合の社員にメッセージが届いているかがわかる。社員の多くが経営陣のメッセージに関心を持っていないのが実状となると、経営陣の考えが社員に十分には浸透していないという可能性があり、またPMIにおいて会社からのメッセージへの関心喚起を図る方法を企画することの必要性が高まる。

**iii）社員意識調査の結果**

相手企業が、定期的に社員意識調査を実施している場合には、その結果を分析する。満足度調査やエンゲージメント・サーベイなど、呼び名は様々あるが、どれであれ、その企業の社員が仕事の何にやりがいを感じていて、企業文化のどの要素を肯定的あるいは否定的に受け止めているかを見ることができる。

例えば、当社が提供しているエンゲージメント・サーベイでは、社員のエンゲージメント・レベル（会社への自発的な貢献意欲）に影響を与える要素を"エンゲージメント・ドライバー"として明確化している。この要素に該当する企業文化を改善すると、エンゲージメント・レベルが高まることがわかるものである。図4-9では、この企業の社員のエンゲージメントに強く起因するのは直属上司のマネジメントであり、これを改善するこ

**図表4-9　エンゲージメント・ドライバーの例**

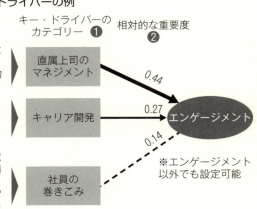

とでエンゲージメント・レベルが高まる。このように、被買収企業のエンゲージメント・ドライバーを把握することで、効果的なPMI施策の立案が可能となる。

社員意識調査の結果は、直近1回分のみでなく、過去2回〜3回程度のものを収集することが望ましい。そして、結果がどのように変化しているのか、その変化の要因が何であったかを関係者からのヒアリングなどを通じて明らかにすることで、社員の意識をより詳細に把握することができる。

## 4 どのように企業文化を融合するか？

### 1 ハードとソフトの双方からの取り組み

相手企業の文化を把握し、統合後のあるべき企業文化が見えてくると、次には具体的な企業文化の融合に取り組むPMIのフェーズが始まる。

人事諸制度の統合というハード面の融合については第3章にて論じた。ここでは社員の意識や価値観に関連する、ソフト面の融合をどのように図るか、その方法をご紹介する。

### 2 社員の巻きこみを通じて企業文化を融合する

統合後の企業文化を被買収企業の社員に適用する際には、決定事項として一方的に押しつけるというアプローチが取られがちであるが、これでは社員が前向きに企業文化を受け入れることは難しい。買収企業と被買収企業双方の社員を巻きこみ、ともに新たな企業文化の策定と定着化に取り組むことで、早期に効果的な融合を実現できる。そのためのいくつかの手法を紹介する。

① 新しい企業文化を共創する

買収企業と被買収企業の双方から代表の社員を選抜し、一つのチームとして新たな企業文化を検討する、という方法は比較的よく使われるものである。例えば、以下のような形があげられる。

ⅰ）分野別タスクフォース…新しい仕事のやり方をともに作る
　　ⅱ）新バリュー策定プロジェクト…新しいバリューをともに作る

**ⅰ）分野別タスクフォース**

　仮にメーカーの統合であれば、開発・製造・販売・保守・バックオフィスのように、分野ごとに両社の出身者によるタスクフォースを設定する。このタスクフォースの役割は、これまでの両社のそれぞれの仕事のやり方を共有したうえで、今後のあるべきビジネス戦略や業務プロセスを協働して策定するものである。

　被買収企業の社員がしっかりとタスクフォースに参画し、建設的な議論を買収企業側の社員と交わすことで、前向きに統合後の仕事のやり方を策定することができる。また、タスクフォース内では両社出身者間での相互理解の深まりや、人的なネットワークの早期構築が期待される。ある日本のメーカーが海外の同業他社を買収した際に、このようなタスクフォースを活用して統合後の業務プロセスを策定したが、相互に相手の技術力やこれまでの仕事への姿勢などに敬意を持ち合い、関係性が一気に深まる機会となった。

　このようなプロセスを経て作られた仕事のやり方は、会社からのお仕着せではなく、被買収企業側の社員の意見も十分に反映されたものであることから、タスクフォースに参加していない被買収企業出身社員も受け入れやすいものとなる。タスクフォースの活動や議論の結果について、社内への周知を図ることにもあわせて取り組みたい。

**ⅱ）新バリュー策定プロジェクト**

　業務プロセスよりも高次の概念となる、統合後の企業のバリュー（行動理念）を、買収企業と被買収企業の双方の代表からなるチームを中心として策定する。新たなバリューを検討するためには、統合後の会社の事業・あるべき組織・必要な人材という三つの要素を明確に描く必要がある。これらの検討を混成チームで行うことで、出身会社を問わず、統合後に全社員に共通して求められるバリューを策定することができる。

バリューは、経営理念に属する概念であり、策定にあたっては、経営陣の関与が欠かせない。検討の過程で経営陣とチーム・メンバーが議論する場面を設けることで、特に、被買収企業出身のメンバーにとっては、経営陣と直接に接して多くを学ぶ貴重な機会となる。人材育成という視点からも、有効なプロセスである。

## ❸ 相互の違いを知り尊重する環境を作る

統合後に、買収企業と被買収企業の社員間の相互理解を深める最も効率的な方法は、ともに仕事に取り組むことである。しかし、席を隣に並べてすぐにスムーズに協働が始められるかというと、それほど簡単ではない。早期に円滑な協働の体制を構築するうえでまず重要なことは、互いを知る（know each other）ための機会を豊富に提供することである。そのためには、以下のような手法が有効である。

　ⅰ）双方の社員や強みを紹介する情報の定期的な発信
　ⅱ）異文化融合ワークショップ…異なる文化背景の相互理解を図る

### ⅰ）双方の社員や強みを紹介する情報の定期的な発信

相手の企業がどのような強みや競争力を有していたのか、どのような社員がいるのか、といった情報を統合直後から定期的に全社員向けに発信する。これをきっかけに、相手への関心が高まるという効果が期待できる。社内報を発行しているのであれば、双方の会社・社員紹介を統合後からしばらくの間は特集として扱うことが一つの方法となる。また、社内報等の社員コミュニケーション媒体を有していない企業でも、統合を機にこうしたツールの活用に取り組むことが望ましい。

このような情報が、双方の社員間で共通の話題となり、相互コミュニケーションのきっかけとして機能することで、相互の違いを知りつつ互いに尊重し合うという雰囲気の醸成の一助となる。双方の企業のこれまでのビジネス・戦略などといった小難しいテーマを扱うよりも、社員が話題にしやすい気軽な内容や、社員の写真を多用して気楽に見ることができる紙面としたほうが、この目的に適うだろう。

**図表4-10　異文化融合ワークショップのプログラム例**

| 時間 | 項目 | 概要 |
|---|---|---|
| 9:00- 9:30 | オリエンテーション | 研修概要説明 |
| 9:30-10:30 | 統合の概要 | 統合の年度アプローチ |
| 10:30-12:00 | XX国の事業文化 | XX国の事業文化や一般的規範についての講義とQ&A |
| 12:00-12:45 | 昼食 | |
| 12:45-13:30 | 被買収企業の事業文化 | 被買収企業の事業文化を把握し、違いを討議する経営指標の比較 |
| 13:30-15:00 | 海外の人との働き方 | ・文化の影響（コミュニケーションやM&A）<br>・海外の人との英語コミュニケーション |
| 15:00-16:00 | 移行のリーダーシップ | ・移行の組織モデル（クロスファンクショナル・チームなど）<br>・グローバルM&Aのケース討議<br>・組織変革のリード |
| 16:00-17:00 | リーダーの自己変革 | ・直面する課題／挑戦についてのチーム討議<br>・リーダーの自己変革について自身のコミットメント作成 |

ⅱ）異文化融合ワークショップ

　海外企業の買収の際には、文化の違いを双方が尊重することが、スムーズな協業開始の実現に欠かせない。これを実現するために、経営層や管理職層を対象としたワークショップ（研修）の実施が効果的である。主な目的とワークショップの概要例（1日実施の場合）は以下のとおりである。

- 買収企業・被買収企業双方の事業および企業文化の理解
- 海外の人との効果的な働き方について一般的な留意点等の学習
- 統合効果を出すためにリーダーとしてなすべきことの理解と実践準備

## 4　企業文化融合の進捗状況をモニタリングする

　PMIを通じて企業文化の融合を図る過程において、定期的にその度合いをモニタリングし、必要な次の一手を検討する。特に被買収企業の社員の立場から、統合をどのように捉えているかや、仕事のやり方がどの程度変化し、そのことをどう認識しているかを把握することで、次のPMI施策の立案に活用する。具体的なモニタリングの手法としては、以下があげ

られる。
　ⅰ）パルス・サーベイ
　ⅱ）フォーカス・グループ・インタビュー
　ⅲ）離職時インタビュー

ⅰ）パルス・サーベイ
　従業員意識調査を統合直後から定期的に、同一の設問で継続して実施し、スコアの変化を確認する。このような、定期的な意識調査をパルス・サーベイと呼ぶ。
　統合直後には、高いスコアが出ることは期待できないが、その中で特に重点的に改善が必要となる要素を見出し、それに資する施策を企画・実施する。その後、一定の期間を経て再度サーベイを実施し、スコアがどの程度改善したかを見るものである。
　全社員を対象に意識を確認可能な手法である反面、内面にまで踏みこんで認識を把握することは難しい。属性ごとの分析を行い、特にどの属性（例えば、若手、女性など）で課題があるかを見定めたうえで、以下のフ

**図表4-11　パルス・サーベイのイメージ**

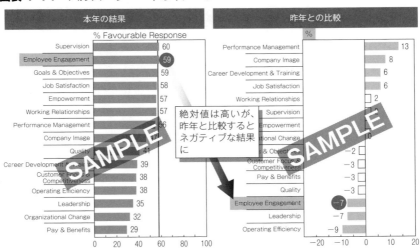

第4章　ソフト面（企業・組織文化）のPMI　145

ォーカス・グループ・インタビューと組み合わせて実施すると、より効果的である。

ⅱ）フォーカス・グループ・インタビュー

　近しい属性の社員5名前後を対象に、統合に関する認識を聞くインタビューを実施する。同一のメンバーへのインタビューを定期的に行うことで、認識がどのように変化しているかを把握できる。

　パルス・サーベイとは異なり、対面でのインタビューのため、より突っこんだ具体的な話を聞き出すことができるが、インタビューの受け手が身がまえてしまうと、正直な話を聞き出すことができない。フォーカス・グループ・インタビューでの発言が、人事評価等には一切影響しないことを伝え、またその場での会話が外部に漏れないことを担保するなど、安心して臨める環境を作る必要がある。必要に応じて、外部の第三者をインタビュアーとして活用することも一手である。

　様々な社員に話を聞きたいところではあるが、効率を考えるならば、従業員意識調査などを通じて、特に認識を把握すべき属性のあたりをつけることも有効である。統合について強い不満を持っている層であったり、事業上重要な属性を見定めて、インタビュー対象の選定を図る。

ⅲ）離職時インタビュー

　PMIの過程で、残念ながら離職者が出てしまった場合には、離職時インタビューで個人から離職の理由をヒアリングする。統合そのものや、それに付随した変化が離職の要因であるならば、その内容を丁寧に聞く。そうした声は離職者個人の意見にとどまらず、潜在的に多くの社員が共有している可能性があるからである。離職者であるがゆえに、フォーカス・グループ・インタビューよりも生々しい声を聞くことが期待できる。

## 5　"統合リーダー"を育成・登用する

　企業文化を融合するとは、仕事のやり方を合わせるということであり、この実現には各職場において変革をリードする人材の活躍が不可欠であ

る。当社のリサーチでも、企業文化の80％〜90％は経営陣をはじめとしたリーダーシップに起因する、という結果がある。

変革をリードできる人材を適切に見出して配置することが、早期の企業文化の融合の鍵を握っている。この実現のため、リーダーシップ・アセスメントの実施が有効である。

**リーダーシップ・アセスメント**

企業文化の核となるのは、経営層をはじめとしたその企業のリーダーたちであり、統合後の適切な企業文化を作り出せる人材を、リーダーとして重要なポジションに登用することが肝要である。現在のリーダーが適切な人材であるかを確認し、また新たに任用するにふさわしい潜在リーダーを探すために行うのが、リーダーシップ・アセスメントである。

アセスメントの方法としては、当社をはじめとしたプロフェッショナル・ファームが提供する各種サービスの活用が効率的だ。例えば、対象者に対するヒアリング形式でのアセスメントのほか、ウェブアンケート形式で比較的簡易に高い精度で人材特性を把握可能なツールが提供されている。

特に企業統合におけるリーダーシップ・アセスメントでは、業務遂行能力にとどまらず、異質に対する許容度の高さや、バイアス（思いこみ）を排除した判断力を有することを重視して、異なる文化に置かれても周囲を適切に巻きこみ方向性を指し示すことができる人材を特定することを目的にしたい。このような人材の活躍が、早期のシナジー創出に不可欠だからである。

## 5 社員感情に配慮したチェンジ・マネジメントをどう実施するか？

### 1 被買収企業の社員のエンゲージメント・レベルは低下する

「自身の会社が他社に買収されることになった」と耳にして、不安に感じない社員はいないだろう。会社や自身にどのような変化が起きるのか、強い不安を持つことは容易に想像できる。

図表4-12　M&Aの有無と社員のエンゲージメント・レベルの相関

（出所）　ウイリス・タワーズワトソン「2012 Global Workforce Study － Global Results」。

　図表4-12は当社が実施した、M&Aの有無と社員のエンゲージメント・レベルの相関をグローバルで調査した結果である。これによると、M&Aのない企業の社員と、被買収企業の立場にある社員とでは、会社の目指す方向性への理解や、会社の将来への関心、会社の成功への貢献意欲といったエンゲージメント・レベルに、10ポイント以上の差があった。もちろん、M&Aのない企業の社員のほうが、スコアが高かったことは言うまでもない。また、買収企業の社員と比較しても顕著に低い傾向が見られる。

## 2　被買収企業の社員が不安を持つ三つの要素

　被買収企業の社員のエンゲージメント・レベルを下げる要因として、三つの要素があげられる。

- 会社（企業文化・ブランドなど）
- 仕事・業務（業務内容・キャリアへの影響など）
- 生活（報酬や福利厚生等の処遇・勤務地など）

　統合により、これら三つにどのような変化が自身に起きるのか、という不安が、エンゲージメント・レベルを低下させる大きな原因である。

## 3　エンゲージメント・レベルを改善するチェンジ・マネジメント

　被買収企業の社員のエンゲージメント・レベルがどのように推移するのかについて、もう少し詳しく考えてみる。

**図表4-13** 被買収企業の社員が不安を持つ三つの要素

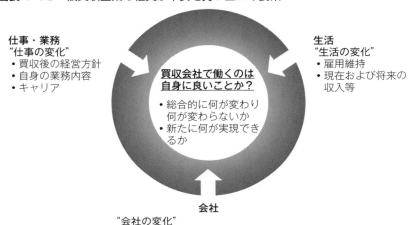

**図表4-14** 被買収企業社員のエンゲージメント・レベルの推移モデル

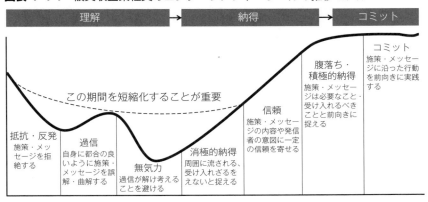

　図表4-14は、M&Aをはじめとする様々な企業変革における、社員感情の変遷をモデル化したものである。統合がアナウンスされた直後に、最初に示される反応は抵抗・反発である。これは、会社・仕事・生活という三つの不安要素が一気に噴き出し、どのような変化が自身に降りかかってくるかわからないことに起因するものである。当然、エンゲージメント・レ

ベルは著しく低下する。この後に、徐々に統合に関する情報を耳にする中で、自身が統合から受ける影響が徐々に見えてくるが、その過程でエンゲージメント・レベルは上下し続ける。この間、様々な手を尽くして、変革への理解・納得を獲得し、最終的には社員が自らその変革にコミットする状況に持っていくことが、会社として取り組むべきことである。特に、エンゲージメント・レベルが低下する期間を最短にすることが肝要である。このための施策全般をチェンジ・マネジメントと呼ぶが、PMIとはまさに統合におけるチェンジ・マネジメントの実施にほかならない。

　被買収企業の社員のエンゲージメント・レベルが低いままで推移し、結果的に期待するシナジーを生み出すことができなかった、という企業統合の例は多い。そのような状況に陥らないためにも、被買収企業の社員への効果的な働きかけは極めて重要である。

## 4　社員の不安に応えるコミュニケーションの設計

　不安に応えるためには、PMIでは会社と社員の間での適切なコミュニケーションが不可欠である。単純に企業統合に関する決定事項を伝えるだけでは、社員の不安を軽減することは期待できない。

　まず重要なのは、コミュニケーションを通じて社員に持たせたい意識や行動を明確化する、つまりコミュニケーションのゴール（Goal）を設定することである。そして、このゴールを実現するため、誰に（Target）、どのような内容のメッセージを（Contents）、どのように（Format）伝えるかを丁寧に企画することが、効果的なコミュニケーションを実施するうえでは不可欠である。

### ①　コミュニケーションのGoal：社員に促す意識・行動の設定

　コミュニケーションを通じて、社員に促したい意識や行動を明確化する。「被買収企業の社員が前向きに明るく働く状態とする」といった抽象的なゴールを設定しがちだが、それではその実現に資する施策を具体的に検討することが難しく、またその状態を実現できたかどうかの判断を下すことができない。例えば、統合半年後の社員意識調査で、「当社では、社

**図表4-15** コミュニケーションの四つの要素

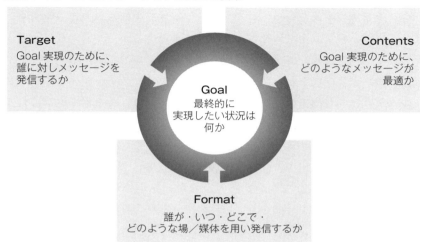

員が相互に助け合って業務を進めることができる」の肯定回答を70%以上とする、など具体性のあるゴールを設定することが肝要である。もしくは、被買収企業の社員の統合1年以内の離職率を一定水準以下に抑える、といった指標の設定も考えられる。統合後の会社の戦略も踏まえて、あるべきゴールを適切に見定めたい。

　ゴールを考えるうえで有用なアプローチは、最悪のシナリオを作ることである。仮にコミュニケーションを最低限しか実施しなかった場合に、被買収企業の社員がどのような感情を持ち行動するか、考えられうる最悪のケースでシミュレーションを行う。そのうえで、最悪のケースを回避するために実現すべき状況をゴールとして設定する。例えば、買収企業と被買収企業で営業手法に大きな差があり、これを放置しておくと顧客からのクレームが見こまれ、最悪業績悪化につながる、というケースが考えられる場合には、営業プロセスの速やかな統一化がゴールの一つとしてあげられる。

　コミュニケーションのゴールは必ずしも一つである必要はない。様々な状況を想定して、それに対応したゴールを検討することが重要になる。

② コミュニケーションのTarget：メッセージの受け手の設定

　ゴールを実現するために、コミュニケーションを取るべき相手を明確化する。当然、被買収企業の社員がターゲットとなるが、一言で社員と言っても、その内容は均一ではない。バックグラウンド、年齢、ポジション、勤続年数、家族構成など、会社との関係性やライフステージ・ライフスタイルにより、同じ出来事であっても受け止め方や気になるポイントは大きく異なる。ターゲットについて、コミュニケーション上の関心がどこにあるかを見定めることが重要となる。

　本来は、社員一人ずつについて属性情報を収集し、コミュニケーションを図るうえでどのような要素が鍵となるかを見定めるべきである。例えば、この社員は自宅で介護をしているので、転居を伴う異動には強い抵抗があるかもしれない、などのレベルで検討ができれば、そのような社員にどのようにコミュニケーションを図ればゴールを実現できるかを詳細に検討することが可能である。しかし、規模の大きなM&Aでは、個人ごとに考えることは事実上不可能だ。このような場合には、年齢や職種、新卒入社と中途入社など、複数の軸で社員をセグメント化し、マジョリティ、もしくは統合後の事業を進めるにあたり重要なセグメントを特定する。ここが、コミュニケーションの重点ターゲットとなる。

　また、社員は社内外の様々な人々とコミュニケーションを取っていて、彼らが社員に大きな影響を与えていることにも留意が必要だ。例えば社員の家族が、企業統合について不安を覚えていて、毎日のように家庭でその話題が出ているようでは、社員自身も同調してしまう懸念がある。ある企業では、統合時に被買収企業の家族に対して、統合会社の社長から手紙を出し、統合の目的や社員への期待を伝え、家族の不安の払拭を図った。

　家族以外にも、社内外で社員に影響を与える人々は様々にいる。このような人々をインフルエンサーと呼ぶが、彼らもターゲットと捉えて、コミュニケーションを企画することが重要である。

③ コミュニケーションのContents：社員に発信する内容

　ターゲットに対し発信する、ゴール実現に最適なコンテンツ（内容）を

**図表4-16** 本人に影響を与えるメッセージの発信者／インフルエンサー

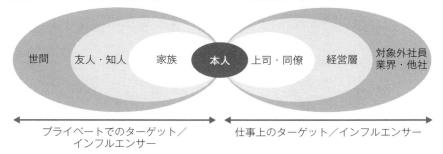

策定する。複数のターゲットがいる場合は、それぞれに最適化したコンテンツを用意する。例えば、若手社員とベテラン社員では、置かれた状況や統合がもたらす影響度合い、受け止め方が異なるため、それに合わせたコンテンツが必要となる。ただし、若手には"これからの会社の明るい未来"、ベテランには"会社の置かれた厳しい状況"のように、異なる前提を置いたコンテンツを伝えてしまうと、二枚舌として信頼を損ね、コミュニケーションが円滑に進まなくなる。このような場合には、根底に流れる共通のメッセージ（キー・メッセージ）と、それを踏まえたターゲットごとへのメッセージをそれぞれ策定する。そして、すべてのメッセージは、異なるターゲットから見ても嘘がなく、どこにでも堂々と出せるものでなければいけない。

　統合の場合には、ディールの進捗状況によって発信可能なコンテンツが限定されることが少なくない。特にインサイダー情報の取り扱いには十分に留意することが必要になる。例えば、適時開示に該当する情報を、その開示前に社員に伝えることは問題となる。また、統合後の経営方針や人事制度などについて、おおよその方向性は見えていても確定していない場合には、確定前に情報を伝えてその後に方針が変わると、会社に対する社員の信頼を損ねかねない。統合後にリストラを想定していなかった企業がその旨を社員に伝えたものの、シナジーが想定どおりに発揮されず計画を大きく下回る業績となってしまい、統合の半年後に人員削減を実施する、というケースがあった。この時の、社員が会社に対して持つ不信感は相当に

大きなものとなった。その時点で確実に言えること、言ってよいことに絞って、コンテンツを企画することが重要である。

④　コミュニケーションのFormat：誰がどのように伝えるか
　コンテンツを最も効果高くターゲットに伝えるために、誰が、どのような場／媒体を用いてコミュニケーションを図るか、その発信方法を設計する。媒体について、ほとんど社員が見ていないイントラネットにメッセージを掲載しても、目にとまる可能性は低い。社内でのポスター掲示であったり、メールや手紙の送付など、より効果的と考えられる媒体を選定する必要がある。また、そもそもメール・アドレスが社員一人ひとりに付与されていなかったり、PCを常に見ることができなかったり、といった状況では、ITを用いた情報発信は不可能である。特に、以下のような労働形態を持つ企業の買収の場合には、社員の情報環境を踏まえてフォーマットを検討する必要がある。

- 工場勤務
- 在宅勤務／テレワーク
- 直行直帰型の勤務形態
- フリー・アドレスなオフィス環境

　抽象的な概念や、言語化しにくいことを伝えたい場合には、文章や紙面・パワーポイント等のプレゼンテーション資料だけでなく、ビデオやマンガなどのビジュアル・メディアの活用も検討したい。ある日本のメーカーでは、海外の同業企業を買収した際に、被買収企業の現地社員に対し、自社が"良い会社"であることを伝え、リテンションを図ろうとした。"安心して働ける""社員の仲が良い""技術力が高い"など、訴求したいポイントは多くあったが、言葉でこれらを伝えても、意図を十分理解してもらえるか、また信じてもらえるか、という懸念があった。そこで、多くの日本人社員が登場し、自身の平易な言葉で会社の魅力を話すという形式の、会社と社員を紹介するビデオを制作し、現地社員に配布した。その結果、多くの現地社員が買収企業である日本法人とその社員に対し親近感を

**図表4-17** 右脳と左脳

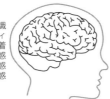
感情（Emotional）

会社への帰属意識
ロイヤリティ
これまでのものへの愛着
新しいものへの懐疑・拒絶感
やらされ感
おしつけられ感

論理（Rational）

事業の方向性
事業戦略
組織の中期目標
会社目標
制度をなぜ変えるのか？
何を、どのように変えるのか？

持ち、企業統合が順調に進む一助となった。特に、異なる文化的背景での統合となる海外M&Aでは、理論をつかさどる左脳だけでなく、感情を預かる右脳にも働きかけるフォーマットが有効に機能する場合が多い。

"誰を発信者とすべきか"についても、施策の責任者等の立場だけにこだわることなく、社内での影響や信頼度といった要素を総合的に鑑みたうえで、人選をすることが有効である。仮に統合後に役職に就いていないとしても、被買収企業の経営陣から、統合業務への参画を促すメッセージを出すことが効果的であれば、この方法の実施を前向きに検討すべきである。ターゲットを深く分析し、誰が効果的なメッセージの発信者、もしくはインフルエンサーであるかを、予見なく考え抜きたい。

## 5 コミュニケーション・プランでいつ誰に何を伝えるかを明確化する

コミュニケーションのゴール・ターゲット・コンテンツ・フォーマットを時間軸で整理したものをコミュニケーション・プランと呼ぶ。PMIの開始の時点から適切なコミュニケーションを実施できるように、デューデリジェンス段階で素案を作ることが望ましい。そして、PMIフェーズにおいて着実にコミュニケーション・プランを実施し、社員の変化を見ながら、適宜改定を図っていくことが大切である。企業文化のソフト面の融合は、適切なコミュニケーション・プランの策定と実施が、成功の鍵を握っている。

**図表4-18** コミュニケーション・プラン

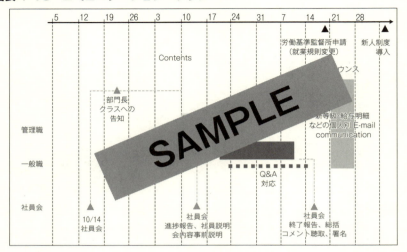

# 第5章

# 国内企業による事例紹介と
# ケーススタディ

　本章の前半は、これまでにM&A後のPMIを何度も実践されている企業3社の実務リーダーの方々へのインタビュー結果をまとめたものである。日本的なアプローチ、グローバルなアプローチと各社の多様な取り組みを眺めることによって、PMIに必ずしも画一的な解があるわけではなく、案件の特性や各社固有の企業文化に合った方法を追求することが、結局は近道であるということが読者の皆さんにも理解いただけるだろう。

　また、PMIプロジェクトのイメージを具体的に持つことができるよう、3つのケーススタディ（①株式取得案件、②事業部門・資産取得案件、③企業カルチャーに焦点を当てた事案）を掲載した。インタビューとあわせて、読者の皆さんがPMIを実践される際の一助となれば幸いである。

# 1　国内企業の成功事例紹介

## 1　コカ・コーライーストジャパン株式会社

【会社紹介】

　コカ・コーライーストジャパンは、「飲料の新しい世界を創る」をミッションとして2013年7月に関東・東海地域のボトラーである、三国コカ・コーラボトリング、コカ・コーラ セントラル ジャパン、東京コカ・コーラボトリング、利根コカ・コーラボトリングの4社が統合して誕生した、国内最大のボトラーである。

　さらに、2015年4月1日には、仙台コカ・コーラボトリングが加わり、かつてないスピードで統合を進め、これまでにないまったく新しいワールドクラスの日本のコカ・コーラボトラーとして成長を続けている。

ジョセフ　ピトラ（Joseph Pitra）氏
現在、米国The Coca-Cola Company, Director, Global Benefits。2013年～2015年、コカ・コーライーストジャパン㈱HR企画戦略部長として、東日本のボトラー各社の統合を指揮。2000年にThe Coca-Cola Companyに入社以降15年以上にわたり、世界30か国のコンペンセーション＆ベネフィット部門のマネジメントに従事。

渥美　貴司（あつみ たかし）氏
現在、コカ・コーライーストジャパン㈱タレント＆リワード部長。2015年～2016年、コカ・コーライーストジャパン㈱コンペンセーション＆ベネフィット部長兼シェアードサービス統括部長。2013年～2015年、コカ・コーライーストジャパン㈱コンペンセーション＆ベネフィット部長として、ジョセフ・ピトラ氏とともに、東日本のボトラーの統合をリード。それ以前は、2001年～2013年：コカ・コーラ セントラル ジャパン㈱（2012年以降は執行役員経営企画部長）、1998年～2001年：富士コカ・コーラボトリング㈱、1987年～1998年：北海道拓殖銀行㈱勤務を歴任。

**WTW**：日本全国でボトラーの再編、統合を行われていますが、PMIについて"コカ・コーラ・ウェイ"、すなわち米国コカ・コーラ本社流の考え方や進め方はあるのでしょうか。

〈**Joeさん**〉　コカ・コーラは世界中でボトラー（コカ・コーラ製品の製

造・販売を担う会社）の再編を25年以上前から行っています。先進国の中では、日本は再編に取り組んだ最後の国となります。

　日本におけるコカ・コーラ・ストーリーは、10年ほど前に西日本（コカ・コーラウエスト）から始まりました。17年前には、ボトラーは17社存在していましたが、TCCC（The Coca-Cola Company）は、一部ボトラーの株主ではありましたが、その持分比率が少数であったこともあり、プロセスは非常にゆっくりとしたペースで進みました。また、西日本での統合形態としては、持株会社の下にボトラーが存続するという、ある意味で「日本的」なアプローチが選択されました。

　一方、関東地域のボトラーの再編については、ボトラー4社におけるTCCCのより大きな株式持分を梃子に、大規模かつスピーディな再編・統合が進められました。

　今回は、ボトラー4社の合意の下に、TCCCのグローバルなスタイル、すなわち「The Coca-Cola System」の導入が統合を進めるうえでの前提となっていました。各ボトラーは、母体となる「コカ・コーライーストジャパン」の下で再編され、日本的とも言える中央集権的な経営体制から、機能横断的な組織体制（人事、財務、法務、ITなどの機能を軸としたもの）へと再編されました。その結果、よりスピーディな意思決定プロセスにより、迅速かつ大きな規模でシナジーを実現できる体制を目指しました。結果として、26社あったボトラーおよびその関係会社の4社への集約が、わずか18か月の間に実現しました。この過程で実現できたシナジーにより、当時抱えていた本質的な財務課題に対して、腰を据えて取り組むことが可能になりました。

　組織、人事の観点からは、主に人事ポリシーと各種人事制度の見直しに着手しました。これに伴い、人事部門を、より集約的な「トライアングル・モデル」へと変えていきました。その結果、当時、従業員25名に対して人事スタッフ1名だったのですが、人事スタッフを20%以上削減させることで、人事スタッフの占める比率を大幅に低下させることに成功しました。もちろん、これには大きな痛みを伴いました。統合初日にこれから始まることを理解できていた人は、おそらく10%もいなかったのでは

ないでしょうか。しかし、我々の取った「ビッグバン・アプローチ」は、財務的に困難な状況の中で、大きなシナジーを実現するためには必要不可欠であったと思います。

**WTW**：コカ・コーラのグローバルなスタイルの日本への導入においては、米国コカ・コーラ本社はどういう役割を担ったのでしょうか。また、どのようなチャレンジがありましたか？

**〈Joeさん〉** TCCCのアトランタ本社のM&Aチームに加え、アジア地域のM&Aチームがグローバル・チームとして日本に送りこまれ、ボトラー各社と協働して作業を進めました。

当初は、TCCCとボトラー各社の企業カルチャーのギャップは著しく大きいものでした。渥美さんも、私をクレイジーだと思ったに違いありません。

**〈渥美さん〉** 確かに、当初の企業カルチャーのギャップは非常に大きいものでした。しかし、そもそも日本人というのは、こうしたチャレンジングな状況においては、一致団結して頑張るという習性があるのではないでしょうか。従業員の皆さん、特に本社機能部門のメンバーが、この再編が何とかうまくいくように、並々ならぬ努力をしたと思います。

**WTW**：そうはいっても、カルチャー・ギャップや変化の大きさを考えると、ボトラーの相当の抵抗があったのではないでしょうか？

**〈Joeさん〉** そうですね。組織における階層や、社員の年齢によって様々な抵抗がありました。ただ、世界には、日本社会に対して、「変革を好まず、その受け入れに対して否定的である」という根強い固定観念があるように思いますが、これは事実とは異なるのではないかと私は感じています。

日本における変革は、世界各地で行われたコカ・コーラのボトラー再編の中でも、最も大規模であり、一方で、最もスピーディに進められました。もし仮に同じ規模の変革を米国で実行したとしても、おそらく同程度またはそれ以上の時間は要したでしょうし、ドイツならば様々な法規制もあり、2倍以上の時間を要したでしょう。また、その他の中南米や中東地

域においては、そもそも同じ規模の変革を行うこと自体が難しかったと思います。

また、今回の日本の統合においては、必ずしも根拠はなかったかもしれませんが、従業員の間に「とにかくコカ・コーラを信じよう」という空気があったように思います。今回は、従業員との間で十分な説明と議論を行うだけの時間的余裕もなく、いわば「走りながら説明する」という形で進められました。そのような状況であったにもかかわらず、我々のアドバイスを信じてついてきてくれた渥美さんと彼のチームには、感謝してもしきれません。

ところで、我々の目指した変革のゴールのイメージと現状との間に大きなギャップがあったのは事実ですが、共通要素がなかったわけではありません。こうした変革プロセスにおいては、「違い」に着目するのではなく、「共通項」に着目することも大事です。

例えば、もともとボトラー各社には、年功序列制度やジョブ・ローテーション制度がありました。しかし、これらは形式的に運用されていたわけではなく、昇格・昇給の際には、社内試験をクリアすることや、一定のパフォーマンスに到達することが求められていました。したがって、我々が導入した成果主義や職務給というものとまったく乖離していたわけではなかったと思います。このような実質的な共通項に着目して変革を説明することが重要ではないでしょうか。

〈渥美さん〉　そのとおりだと思います。成果主義や職務給に大幅に切り替えましたが、もともと単純な年功序列の仕組みだけで運用されていたのではなく、目標管理や行動評価の仕組みもありましたから、それほど違和感がありませんでした。そのような土壌があったからこそ、現在の仕組みの下で、より適切な形で評価が行われるようになってきていると言えます。成果主義は基本的に良いことだという認識はもともとボトラー各社にもありました。

**WTW**：そうした共通項があったとはいえ、このプロセスを円滑に進め、また加速させた要因は何だったと思いますか？

〈Joeさん〉　意図的ではないかもしれないが、変革は避けられないのだ、という空気ではないでしょうか。変革は間違いなくやってくるものとして、どうせ実施するなら早いに越したことはない、というメッセージを主要なステークホルダーに伝えるようにしていました。

WTW：そうした変革は避けられないという空気は、どのように作られたのでしょうか？　コミュニケーション戦略はあったのでしょうか？

〈Joeさん〉　変革のメッセージは、CEOからトップダウンで伝えられています。CEOは、自社が直面するビジネス上・財務上の問題について、つつみ隠さず、具体的な数字を通じて非常に明確に伝え、変革の喫緊性・必要性を訴えました。CEOは、管理職に対してのみならず、労働組合の幹部に対しても、非常にわかりやすく、明確に伝えました。

　CEOは、統合前日に、新しい会社の目指すものを共有して、ついてきてほしいと訴える一方で、どうしても共有できない人には別の道を模索したいとはっきり伝えました。結果、最初の8週間で60名弱の管理職が会社を去ることになりました。

〈渥美さん〉　会社を去った管理職は、組織の最適化・効率化を実現するために変化を受け入れてもらわなければならないメンバーだったと言えます。この時に早期退職プログラムを導入したのですが、その実行スピードは非常に速いものでした。2013年7月1日の会社設立後、わずか2か月で早期退職プログラムをスタートし、2013年12月末にはそのプログラムの下で退職が実施されました。このように、最初から全面的な統合に向かってあらゆるものに手を付けていました。執行役員以上の経営幹部は当時約80名いましたが、約40名が会社を去り、残り約40名は役員としてではなく、社員として適性に応じた役割を担っていただくことになりました。

WTW：一連の再編・統合の成功の源泉は、何だったのでしょうか？

〈Joeさん〉　旧組織の組織構造を根底から変革する時には、見た目は小さいものでも、実は非常にインパクトがある変革があったりするものです。

　例えば、最初の30日間に、ジョブ・タイトル制度（役職名を運用する

仕組み）を全面的に改定しました。もともとの仕組みは複雑で、どちらかと言えば実態よりも大きな肩書が使用されるインフレしがちなものでしたが、これを非常にシンプルなものに変更しました。また、この新制度については、一切の例外を認めずに適用しました。

〈渥美さん〉　日本人は名刺に書かれている肩書きを非常に大事にします。各社の幹部には、自社のそれまでの風習に対する執着もあったと思います。しかし、短期間でこうしたシンボリックな肩書を大胆に変更しました。持株会社に統合した当時は、まだ旧組織のボトラーは外形的には残っていたので、幹部は古い名刺を使いたがりました。旧会社では「取締役」という重く見える役職だったのでなおさらだったのでしょう。しかし、会社の方針として、例外なく一切使ってはいけないとして、変更を断行しました。

WTW：そうした意味で、名刺の肩書きの変更というのが、変革の象徴として、従業員の皆さんの意識改革に大きな役割を果たしたということですね？

〈Joeさん〉　そうですね。その後、即座に会社自体の統合へと移りました。それまで、従業員の皆さんは、ボトラー会社に誇りと愛着を持っていて、グローバルなボトラーの一員であるとの意識は乏しいものでした。そうした中、変革を断行するのは、大きなチャレンジでした。しかし、こうした状況でも、我々は変革をスピーディに進めるべく、意図的にかなりアグレッシブな統合スケジュールを立てました。当然社員には、大きな抵抗感があったでしょうし、外部コンサルタントからも、アグレッシブなプランとの意見が示されました。しかしながら、コカ・コーライーストジャパンの経営陣は、このスケジュールで実行する決意を固めていました。

〈渥美さん〉　あの当時「できない」「非常識だ」と考えていたことが、今となっては常識となっています。当時、こんなにタイトだから無理だということを示すために、我々は統合のロードマップを作りました。ところがJoeさんは、「こうすればできる」と逆に捉えていたようです。正直、我々としては、「これで諦めてくれ」と言ったつもりだったのですが、この作戦は呆気なく失敗に終わってしまいました。

〈Joeさん〉　当時、我々が直面していた、事業上・財務上の課題を考えると、「できない」という選択肢は経営上ありえませんでした。結局、統合作業は、人事と法務の二つの事項が中心となりました。通常、財務・会計の統合が先に実施されるケースが多いのですが、ここでは、人事が統合作業の前線になっており、人事関連のポリシー・プログラムの見直しや統合、そして労働組合対応など、他の領域よりも課題と作業量が多くなっていました。

WTW：統合の目指すべきゴール、あるべき姿というのは、どうイメージして取り組んだのでしょう？

〈Joeさん〉　我々が目指したのは、コカ・コーライーストジャパンが、世界のボトラーの中でも、高いオペレーション効率を有するグローバル・トップになることでした。その実現のためには、当社が日本の上場会社であることを踏まえると、"Best of Japan" と "Best of Coca-Cola System" を組み合わせることが必要不可欠だと考えていました。その前提として必要となる社員の労働意欲は、世界のどの国に比べても極めて高く、目標達成の大きな原動力となりました。

WTW：多くの日本企業が、自社の企業理念や経営ビジョンを買収先に浸透させることに苦労していますが、コカ・コーライーストジャパンではどのような工夫をしていますか？

〈Joeさん〉　実績に裏付けされたものでなければ、浸透させることは難しいでしょう。

　コカ・コーラのグローバルなスタイルは、マルチ・ナショナルでかつマルチ・ファンクションの環境の中で培われた、ベスト・プラクティス・モデルです。世界のベストを日本に導入するというスタイルで、日本でもコカ・コーラ・ウェイの浸透を図っています。

〈渥美さん〉　コカ・コーラのグローバルなスタイルを浸透させる際に、もう一つ重要だったのが、労働組合と相互理解の下で非常に良好な関係を構築できたことです。グローバルな人事制度への移行に際しては、まずは組

合幹部を説得しなければなりません。きちんと理解し、判断できる組合幹部たちがいたことが大きかったと思います。彼らは、決して私たちのことを敵視していませんでした。もちろん、最初は組合側も身がまえていて、「1円たりとも給付減額は許さない」といった姿勢でしたが、2回目の協議からはかなり変わって、時間の経過とともに良い関係を構築することができました。そのような関係を実現するために、朝・昼・夜を問わず何度も何度も、紳士的かつ丁寧に説明を繰り返しました。特に、組合側の立場に立った説明を心掛けました。そうしていく中で、会社側の立場も逆に理解してくれるようになったと思います。

**WTW：**シナジーについてはどのようにしてモニター・管理されたのですか？
**〈Joeさん〉** シナジーに関しては、機能ごとにその内容、必要な投資額、実現リスクと回避策をまとめていました。そのモニタリングのために"Transformation Office"という組織が設立され、シナジー効果とその実現に必要な投資・時間をバランスさせて優先順位を決定し、管理していました。進捗と実現上の課題についても、毎月、ものによっては毎週モニタリングを実施していました。

　シナジーの規模としては、退職給付関連とガバナンスが最も大きかったのですが、退職給付関連のシナジーは結局最後のほうで実現されました。"Transformation Office"は一時的・時限的な組織とする予定でしたが、今では"Strategic Transformation Office"として、PMIに限らず、マーケットでの様々なビジネス機会の検証を行う組織となっています。

**WTW：**"Strategic Transformation Office"の規模は現在どの程度なのでしょうか？
**〈Joeさん〉** 現在、フルタイム・ベースでおよそ30名程度です。ビジネス機会を探し出し、管理するのが彼らの役目ですが、実行はあくまでも各機能部門が担っています。
**〈渥美さん〉** シナジーに関しては、シニア・マネジメントが適切に管理していました。このシナジー実現は、再編・統合作業を進めていくうえで

も、極めて重要な意味を持っていました。労使交渉においても、「そもそもなぜ統合するのか、本当にシナジーが出るのか」といった問いに答えるための大義名分が必要でした。そうした観点から、目的の明確化のために、シナジーの管理についてもかなりの透明性を確保していました。シナジーのロードマップを作成し、1年ごとに何をするのか、シナジーの規模はどのくらいか、を数字で示し、どの社員でも見えるようにしました。この透明性が重要な役割を果たしました。労使交渉においても、反発できない状況を生み出し、一緒にやっていく方向性を作り上げることができたと言えます。この点、一部の企画部門、財務・経理部門だけがシナジーのことを知っているという、一般的な日本企業の場合とは大分異なっているのかもしれません。

**WTW**：そうですね。日本企業の場合には、シナジーに関しては買収時点でバラ色のストーリーを描き、ディールの正当性を示すために使用されることも多いのですが、買収後、その実現についてのガバナンス・責任体制が十分ではないことも珍しくありません。実際に、投資後の減損により、投資額の全額を償却したにもかかわらず、誰も経営責任を取っていないというケースも散見されます。

**〈Joeさん〉** 我々は、「パフォーマンス・ペイ」に移行する際、インセンティブ制度として、すべての社員が共有するファンド・プール（支給原資）を作るという、透明性を持った制度としました。つまり、一つの大きなボーナス・プールを、CEO以下全員で共有する形になっています。シナジーの成果も、逆に失敗も、全員で共有していました。この点は非常に大きかったと思います。

**〈渥美さん〉** 日本の会社だと、一般的には赤字を出さないかぎり役員報酬は減らないと思いますが、賞与の基となるファンドも共有していたことで、労働組合との交渉において理解と協力が得られました。極めて重要な点だったと思います。

**WTW**：最後に、今回の統合プロセスを通じて学んだこと、いわゆる"Do's and Don'ts"はありますか？

〈Joeさん〉　私からは、外国人という視点でいくつかあげたいと思います。

　まず相手との良好なパートナー関係を構築することが、何よりも大事だということです。私と渥美さんは、最初に「隠し事は一切しない」ということを約束しました。私が外国人幹部から聞いたことは、渥美さんに包み隠さずシェアして、問題解決にあたってきました。この逆も然りです。このことによって、お互いの信頼関係を比較的早期に築けたことは大きかったですね。

　加えて、重要だったのが、外部コンサルタントとの関係です。特に、今回の統合においては、50〜60の個別プロジェクトが同時進行し、そのすべてをシンクロさせて、管理していくうえで、コンサルタントがPMO（Project Management Office）として大きな役割を果たしてくれました。毎週金曜日の午後が、外部コンサルタントとのミーティングにあてられました。毎週金曜午後は、早めにオフィスを出て少しリフレッシュできました。

　やや矛盾するかもしれませんが、あまり多くのことを一度にやりすぎないことも大事だと思います。人間には、変化に対応する限度があるのも事実です。実際我々も、時に限界を超えることもありましたが、そうした状況下では、あまり良い結果が出なかったと思います。

〈渥美さん〉　やはり、最初に、日本人サイドのC&B（Compensation and Benefit）部門の推進役の私と、グローバル・エキスパートのJoeさんとの信頼関係ができたのが良かったですね。

　また、明るく仕事に取り組むことも大事だと思います。チームの皆さんは、過酷な状況の中でも、日中は笑ってばかりいました。私もJoeさんも仕事を面白がって、楽しんでやっていたと思います。

　一方で、課されているミッションや期日管理についてかなりの執着心を持ってやっており、そうした非常にプロフェッショナルな姿勢も重要でした。

　さらに、Joeさんは周りの人の顔をちゃんと見ていました。疲れているか、やる気になっているか、顔の表情を注意深く観察していたのです。Joeさんは不思議と顔を見るだけでその人の状況がわかるようでした。日

本語という壁はあったはずですが、言葉はあまり必要なかったのかもしれません。

　さらに、非常に重要だったのは、これだけ多くのことを短時間で実行すると、やはり人はミスをします。そのような時、失敗を追及するよりも、次の改善策を探す、ということが常に習慣づいていました。それが、過酷な中でも早く仕事がこなせたことにつながったのです。

**〈Joeさん〉**　長い統合プロセスにおいては、失敗は避けて通れませんが、社員のモチベーションを保つうえでも、失敗を責めない風土を維持することを心掛けました。失敗を覆い隠したりせず、そこから学ぶ機会を与えることが、社員の成長を加速させることにもつながったと思います。

## 【インタビュー後記】

　グローバル企業The Coca-Cola Company（TCCC）の一員である、コカ・コーライーストジャパンの本事例は、いわば米国流の、極めて統制の効いたPMIを日本で実践した、グローバル・ベスト・プラクティスとして、参考になるものである。

　明確な方針を立て、日本という環境をも考慮した計画を、全員が妥協なく実行し、高い次元でのPMIを実現したという意味で、"Best of Japan"の先駆事例と位置付けられよう。

## ②　ダイキン工業株式会社

【会社紹介】

　1924年創業。ダイキン・グループは、「空調」と「フッ素化学」の技術を両輪に、空調・冷凍機、化学、油機および特機製品の製造・販売を行っている。これまで積極的な買収戦略の下で事業の拡大を続けている。2006年にはマレーシアのOYLインダストリーズ、2012年に米国のグッドマンをそれぞれ買収し、グローバル化を加速している。海外売上高比率74％、海外従業員比率80％のグローバル企業である。2015年3月期の売上高は1兆9,150億円、連結従業員数は5万9,179名。

澤井　克行（さわい かつゆき）氏
ダイキン工業株式会社執行役員（コーポレートコミュニケーション・人事・総務担当、滋賀製作所長）。1982年ダイキン工業入社。当初はエンジニアとしてのキャリアを歩み、2004年に空調生産本部グローバル事業推進部長に就任。その後、空調生産本部副本部長、低温事業本部長などを歴任し、2006年に執行役員に昇格。2011年からは人事・総務を管掌し、現在もグッドマンのPMIをリードする。

**WTW**：ダイキン工業にとってのM&Aの戦略的な位置付けと今後に向けてのお考えをお聞かせください。

**〈澤井さん〉**　M&Aを繰り返して大きくなったのはまず欧州です。欧州ではもともと一国一代理店制度でずっと展開してきたのですが、さらなる事業拡大を目指し、代理店を次々に買収して販売会社を設立していきました。規模的には比較的小さい買収が中心でしたが、これを繰り返して欧州が急激に伸びたのです。

　その後「世界No.1になりたい」と考えると、企業規模を追うと同時に、当時持っていた、事業体としての弱みを克服する必要がありました。米国市場になかなか参入できていないこと、大型の業務用空調（アプライド）を思うように伸ばせていないこと、そして将来の新興国の所得の伸びを見すえて安いボリューム・ゾーンにアプローチしていく必要があるということなどです。

　そのような中、2006年に買収したのが、マレーシアに本社を構えるグローバル企業であるOYLインダストリーズです。同社は、米国のマッケ

イを傘下に持っていたので、それを手に入れることで、大型アプライド分野でアメリカに上陸することができる。さらにマレーシアには、安いボリューム・ゾーンを扱っていたOYLマニュファクチャリングもあったので、その分野にも足場が確保できると考えていました。買収金額は最終的には、2,500億円で決着しました。当時としてはかなりインパクトのある金額でしたが、「M&Aを実行しないとなかなか伸びない」「弱みを克服できない」という状況の中での大きな決断であったと思います。

**WTW：**その後、2008年の中国の格力との提携もありました。あれは技術面から見るとかなり斬新だったと思うのですが。

**〈澤井さん〉**　私はもともと技術系の出身で、格力と提携した当時は生産本部の副本部長でした。「中国と手を組んだら技術を取られて大変なことになる」と技術部隊は皆が大反対でした。しかし、結果的にはすごく良かった。我々の力だけでは、自社の得意なインバーター省エネ技術を中国に早期に展開することはできませんでした。格力という膨大な資金力と販売力を誇る会社を利用することで、インバーターという言葉が市場に定着して、どんどん売れました。技術者もずっと自前主義できたのが、あのころから社内の意識が変わったと思います。もともとグローバルのことはグローバル戦略本部がやっていて、技術側の関わりはそれほどありませんでした。今の会長が社長になったころから（注：1994年）、「これからグローバル展開するから、技術者はパスポートを真っ黒にするくらい海外に出て、現地で直にニーズを聞いてきなさい」という指令がおりていました。そうした中で、OYL買収により、米国のマッケイなど傘下の企業と否が応でも付き合わないといけないことになり、格力との提携も相まって、技術者自身の意識がグローバル化したのです。これは大きかったと思います。

**WTW：**大型買収は、現場の皆さんに相当の負荷がかかりますよね。

**〈澤井さん〉**　大型買収はしんどいということを皆が知っているけれども、そこでは人の循環が起こり、若い人材を登用したり、そこに関わった人が成長するチャンスでもあるので、大変ですが、大いに意味があると思いま

す。

**WTW**：最終的にM&Aを実行するかどうかの判断要素として重視されていることは何ですか？

**〈澤井さん〉** 最も重視するのはシナジー効果ですね。双方でチームを作り、シナジー効果を検討するわけです。ただ、最後はやはり買収先のトップとの信頼関係が鍵だと思います。まったくタイプの違う会社だと大変ですが、「トップが少しでも我々のDNAに近いようなものを持っているなら何とかなるのではないか」という点が大事だと思います。

**WTW**：買収を成功に導くために、チームはどう構築されたのでしょうか？

**〈澤井さん〉** OYLの買収で学んだのは「相手方の自主性を最も尊重しなければならない」ということです。トップからは「買収者と被買収者の関係を感じさせないように行動しなさい」という指示があり、対等の関係で進めようとしていました。ところが、シナジーを生もうという焦りもあったのかもしれません。我々はインバーター技術を得意としていますが、ノン・インバーターの安い機械を得意としてやっているOYLに、「インバーターを教えます」とばかりに技術者をたくさん送りこんだのです。すると「占領軍が来た」というイメージになり、OYLの技術者が大量に辞めてしまったという苦い経験がありました。そんなこともあったので、2012年に買収した米国のグッドマンの時には「向こうに送りこむ人間は少数精鋭だ。日本でバックアップする」ということが徹底的に言われました。従来、買収した子会社はダイキンの一部門が管轄することを基本としていましたが、グッドマンの時はダイキンCEO直轄、すなわち直属の部下という形にしました。ダイキン側には管理監督部門を置かずに、ダイキンのトップ経営者との間をつなぐ目的でグッドマン担当を配置して、「ダイキンの彼らとよく議論をして、グッドマンからダイキンに支援してほしいことはどんどん言ってほしい」というスタイルで始動しました。

**WTW**：澤井さんのところで幅広いサポートをされていると思いますが、ダイレク

ト・レポート一本では難しいところを補うようなイメージですか？
〈澤井さん〉　実務的には、意思決定は行わない「集約担当」として役員レベルをグッドマン担当として置き、さらにその下に人事兼務の担当者を配置しています。この担当者が実務上のキーマンとなっていて、報酬などの人事マター以外にも実務上の現場の生情報などのかなりの情報が入ってきます。人に絡む情報がたくさん入ってくると、グッドマンとダイキンのシナジーを生む活動の進捗や事業課題の現状を捉えやすくなります。報酬制度を説明する時にも、事業の観点と絡めて話せるので、彼らの納得性を高めることができるのです。

WTW：やはり「人を知り理解する」といったあたりは、すごく意識されていますか？
〈澤井さん〉　井上会長も十河社長も人事の出身でもあり、「人との関係・人を知る・人に興味を持つ・人の弱みをわかり、優しさを持って厳しく言う」「相手がどう思うか心を察せよ」といった難しいことを言っています。そうした中で皆が育っているので、「人」を理解するための努力は当たり前のようにしてきていると思います。

WTW：先ほど、M&Aの関係は対等とおっしゃっていましたが、米国の会社が買収する場合は主従関係をはっきりさせて統合していくという手法がうまくいくという考え方がありますが？
〈澤井さん〉　「親会社だからこちらの言うことを聞け」ということはまずありません。ただ、グループ企業になったので、当然グループ経営としてこれだけは絶対に守ってもらわないといけないことはあります。

WTW：そういった意味で、会社として大事にしている経営理念を浸透させるためのポイントはありますか？
〈澤井さん〉　ダイキン・グループの経営理念は10カ条で構成されています。品質・顧客満足・環境・社会貢献などについては当然言及していますが、終わりの8、9、10条は人にまつわることです。「人の無限の可能性を

信じる」「フラット＆スピード」「人が挑戦してこそ人が成長し、人が成長するから企業が成長する」と、人のことが書いてある珍しいものだと思います。これは人事の反省点ですが、ダイキン本社の日本人も含めて、今までそれに特化した研修をしてきませんでした。そこでここ数年、ダイキンのマネジメント層を対象として、徹底的に「人」に特化した「マネジメント道場」という研修を行っています。トップは最近Off-JTの必要性を強調していますが、もともとはOJTを重視していました。日々のマネジメントの中で、常にメッセージとして語り、指導していくべきだが、これだけグループ企業が増えてくると、「ダイキンの体質・風土」や「なぜダイキンが今まで勝ってきたのか」といったことをきちんと学んでもらう研修が必要になってきており、海外の社長、トップ層を集めて「外国人幹部研修」を実行するようになりました。

　また、「人を基軸に置く」という「人」に対する考え方のルーツは「新入社員合宿」にあります。日本の新入社員を対象に実施しているものですが、海外の人事のメンバーを呼ぶことにしました。完全な通訳も付けて、そこで新入社員がどういうディスカッションをするのか、外国人にわかってもらえるかと半信半疑ながらも、ここ数年継続的に来てもらっています。5泊6日の合宿の3日目までは何をやっているのかわけがわからないが、帰る時には「素晴らしい」と言ってくれる。今はまだ、「素晴らしいのはわかったけれど、自国に帰ってこれと同じことをやっても海外の人には通じない。だから自国ではどうすべきか、自分で考える」といった段階です。しかし、中国と米国の一部ではそれを実際に展開し、自らの合宿訓練というものを実施し始めました。

**WTW：** この点について、国によって差を感じることはありますか？
**〈澤井さん〉**　やはり、地域とダイキン・ファミリーに入ってからの期間によって大分違いますね。ダイキン・ヨーロッパは40年の歴史があります。ダイキンに勤めて25年といった人たちも多いので、ダイキンの理念や風土の理解は進みやすいと思います。しかし、最近加わった米国のマッケイやグッドマンでは「何だ、これ？」って感じですね。一方、中国は特

別で、「ダイキン・ファミリー」という言葉で一致団結しています。もともと何もないところからホテルの一室で事務所を立ち上げました。その立ち上げ期の日本人たちが今もトップ層にいて、その時にどんどん雇った現地の人が今は地域総監といった重要ポジションについています。中国はもともとアグレッシブな国ですが、ダイキンが大事にする「情熱」や「挑戦」といったものを処遇にも反映させました。やる人には大きく報いてきました。今や、中国のトップがダイキンの副社長（日本人）である以外、重要ポジションの多くは中国人です。

　アジアにはいろいろな国がありますが、一致団結という考え方や「人」のことをわかるなど、ベースは日本人に近いところがあるような気がします。ただし、東南アジアは暖かい気候のせいか、アグレッシブさで見るとちょっとのんびりしているかなという印象です。

**WTW**：そのような違いがある中で、何らかの共通した仕組みを作ろうとされているのでしょうか？
**〈澤井さん〉**　現在、本社従業員8,000人のうち450人が海外に出ています。海外がどんどん伸びているので、ますます海外に人が必要になっている。新しい国、例えばこれからアフリカに展開した場合には、「アフリカに日本人を送ってできるのか？」「アフリカは地域によって歴史的にフランスが支配していたり、印僑が強かったりする。それならば、インド人やフランス人を送るほうがいいのではないか」といった議論が出てくるかもしれません。日本人を出向させるばかりでなく、海外のできる人を、「横」に海外から海外へ異動させていく必要があるのではないかということもあり、海外の優秀層をグレーディングしたいとも考えている。そもそもトップが把握できるのは200人くらいでしょうか。今のところ、リストアップした100人ぐらいの人たちについてはトップは直接知っていますが、もっと数が増えた時には、一律の評価軸が必要だと思っています。

**WTW**：一見同じようなもので整理をするとしても、最後のところではやはり一人ずつご覧になっていますよね？　かなり多面的に人をご覧になっているように見受

けられます。

〈澤井さん〉 定量的な業績評価だけではなく、定性的な評価を入れています。戦略立案ができているか、人に対してどうだったか。本当はもう少し我々がきっちりと、「人を基軸に置くこと」や「DNA」といったものを項目化して評価軸を作るべき時かもしれませんが、議論して評価する中では皆それを意識してやっています。

WTW：例えばこれからアフリカに展開するとして、今までは、「ダイキンイズム」をよく理解された日本人が拠点トップとして赴任し、伝道師となってきたのだと思います。今後、海外の人材を送りこむとしたら、同じような役割を担っていただくためには、Off-JTのようなものを通してダイキンイズムを身に付けてもらうべきなのでしょうか。もしくはそれができている人を選んでやってもらう、という考え方でしょうか？

〈澤井さん〉 100人程度の今のトップ層は、「ダイキンイズム」の何たるかを大体理解できています。現在その次の層に対してサクセッション・プランを作らないといけないという意識を持って、候補者をピックアップしています。その次世代層に対しても最低限我々は、ダイキンがこういうベースを持っている会社であるということをきっちり教えないといけない。トップ層の「幹部塾」、その次の層の「次期幹部候補塾」といったことを、いよいよこれからやっていきたいと考えています。その中では、ダイキンDNA、つまり、ダイキンがなぜ勝ってきたのか、ということを教えていかないといけないと思っています。すなわち「先見性ある経営」や「挑戦する心を持って必死に働くこと」が大切である、といったことです。まずきちんと教えていかなければなりませんが、一方ではやはり、そのような素養がある人を選ぶことも必要だとも思います。「この目標を達成してこれだけ報酬をもらったらもういい」「次のステップアップを考える」という人は選ばないでしょう。トップも「強制はしないが、やはり会社へのロイヤリティを持ってほしい」ということをしきりに外国人にも話しています。外国人がロイヤリティを持つのはなかなか難しいという前提の下で、ダイキンで長く働き続ける人はどの人なのだろうかという、そん

な見方をしています。

**WTW**：欧米の会社が買収をした場合、だいたい自社側に主権があって、報酬などについても Day 1 でいきなり自社の考え方を適用することもありますが、ダイキンの場合はどうでしょうか？

**〈澤井さん〉** 米国グッドマンのケースでは、もともとの経営層（SVP層）が残っているので、まずはその人たちに、現時点での人の序列・位置付けはどうかということを聞きました。我々としてはリテンションなども考えて、今の序列や報酬を尊重するということを基本としています。その下のヴァイス・プレジデント（VP）層以下は、はっきり言って「向こうにお任せします」ということです。それが果たしてよいのかはわかりませんが、こちらの実力も含めたら「VP層以下までダイキンが見られるのか？」というのが正直なところです。ただし、VP以下の報酬や評価の制度を作る時には、やはり「ダイキン・グループはこういう評価・処遇をする」という方針を出していくべきだということで、あるべき「グループ人事方針」について社内で議論しています。

**WTW**：リテンションに関する考え方とこれまでの実績、今後の課題はどのようなものでしょうか？

**〈澤井さん〉** いったんは今の経営陣に残ってもらわないと、事業の継続性がなくなってしまいます。まずは残ってもらったうえで、いろいろな施策を打った結果として辞めていくなら仕方ないというスタンスに立っています。グッドマン社については一方で、世代交代に備えて次のVPの中から優秀人材を見きわめ、きちんとしたサクセッション・プランを策定する必要があります。

　グッドマンのケースを振り返ると、結果的にはトップ層でやめたのは一人だけなので、うまくいったと言えるのではないでしょうか。問題はこれからです。OYLは、幹部だけでなくその下の技術者も辞めてしまいました。ただそれは単におカネだけの話ではないですからね。

**WTW**：本社の方々について、買収先などの海外とやり取りをするうえで、もっとこうならなければいけない、という課題認識はお持ちですか？

**〈澤井さん〉** やはり出向者ですね。これは海外の人事の人から言われてはたと気づいたことです。「ダイキンの人事は『人に対しての考え方はこうだ』と散々言っている。でも、日本から送りこんでくる出向者を見ているとそうは思えない。出向者教育をしろ」と言われた。なるほど、と思いましたね。その後、出向者に対して「こういう『人』にまつわる考え方を身に付けていってください」と伝えるようにしました。しかし、出向者には若い人も多く、海外に出る際に、それまでよりも一段上のポジションを任されることも珍しくありません。仕事のプレッシャーがある中で、ネイティブでもない英語を使って外国人と付き合っていかなければならないので、目の前の仕事のことばかりに集中してしまい、人のことに心を向けられないのが実情だと思うのです。しかし「人」を大事にするはずのダイキンにとっては、それではまずいので、出向者教育を実行しつつあります。

　また、買収後の初会合の時に、トップが「ダイキン流の人に対する考え方」「このM&Aに賭けた思い」「対等の精神」や、「これから同じ目標に向かってシナジーを創出しよう」「挑戦する人をどんどん求める」「人と時間を買わせてもらった」といったメッセージを明確に出しています。先ほど、これを実践する出向者が問題だと言いました。皆が先ほどのメッセージを常に言いつつやっていればいいのですが、なかなかそうはできていないのが実情です。だからといって歩みを止めるわけではなく、我々人事もOff-JTで再トライしようとしています。すぐには浸透しないかもしれませんが、徐々に改善の方向に向かうのではないかと思っています。

**WTW**：コミュニケーション戦略として、トップからはこういうタイミングで定期的に発信する、といったことを考えていますか？

**〈澤井さん〉** 今はありません。どちらかと言うと、先ほどお話しした幹部塾・幹部候補塾でやろうということです。一律的に決まりを決めて何かやろうとするのは絶対ダメ、というのがトップの考えです。それが染みついているので、「何かルールや仕組みを作ってこうやります」と言ったとた

んに「形に流れている」と指摘されてしまいます。ある面、それを作ってしまうと安心して、それをこなすことで終わってしまう。我々はそういう手法はあまり取らない。それよりも、どうやるかということを日常的に考えます。

**WTW：**それは大事なことですね。米国企業は一般に「体系化」「定型化」への志向が強いと言えますが、あえて逆にされているということですね。

**〈澤井さん〉**　体系化していないからわかりにくいと外国人に言われることもあります。多分物差しが違うということでしょうか。

　他社では、管理職になるまでに、「3年目研修」「主事研修」を受け、最後管理職になる時にも試験を受けるなど、定められたステップがあると思いますが、ダイキンには何もない。管理職になる時も試験はないんですね。「そろそろこいつどうや？」「あかん。まだや」と。そんなことばかりです。今の企業規模に至るまで、結果的には皆がやる気を持ってやっているので、うまく回っていた。しかし、これから未来永劫それでいいのかというと、人事部では疑問を持っています。ある面、変えないといけない部分と大事にしなければいけない部分をきちんと理解したうえで、次の施策を打たなければいけないと考えています。

**WTW：**なるほど。その点は一番難しいところですね。国内の人事の考え方というのは「OJT」「上司の方の『日頃評価』」であったり、一人ひとりを、それこそカスタマイズしてご覧になっている。その積み上げが全体の人事制度になっているということですね？

**〈澤井さん〉**　そのとおりです。当社の90周年記念で作成した社史の抜粋をご紹介します。

　「政治機構や経済、社会制度はもとより、働くことの意味や生活体験も違う外国人にダイキン流の働き方を浸透させるのは、正直容易なことではない。だが国は違っても同じ人間の集団である。企業経営は人の営みであるとし、人間の可能性を信じ、個性を尊重して個々の能力を高めていこうという『人基軸の経営』の考え方は、正しく理解されれば、そのままグロ

ーバルな経営理念として世界に通用するはずなのである。」

　こう書いてある。先日も外国の幹部に対してトップがこう言っていました。「ダイキンのやり方は日本の企業でも違う、欧米企業とも異なる。でも、自分自身としてはダイキン流のこういう人を中心とした考え方は絶対に世界に通用する。それを私は作る」とおっしゃっていて、ここのベースは変えるべきではないところです。

**WTW**：まさにDNAに関わる部分ですよね。そこは変えられないし、変えるべきでもないのでしょう。
　さて、グッドマンの買収をされた時に、過去の案件の振り返りをされたとうかがいましたが、その内容はどういったものだったのでしょうか？
**〈澤井さん〉**　先ほどもお話ししましたが、過去のOYLの案件で、大勢の技術者が辞めてしまったことが一番の反省点です。「大量に本社から技術者を送りこむなど、ダイキン流の押し付けにOYLは嫌気がさしたのだ」という認識の下、グッドマンのケースでは、相手の良いところを維持して、ダイキンが学ばねばならない、という姿勢で臨みました。ダイキンとグッドマンのお互いの各部門同士でいつまでに調べて報告せよ、という形でトップの指示が出されます。野放しに勝手に学んで「後は勝手にやれ」ではなく報告させるのです。そのうえで「これはいいからどんどん進めましょう」という意思決定をトップ自らが行いました。こうした取り組みは今ではほぼ終わりましたが、買収後2年くらいは続いていました。

**WTW**：製造部門には相手の工場近くに住みこんでいる方も結構いらっしゃるとか。
**〈澤井さん〉**　グッドマンのプロジェクトでは、シナジーの項目の中に「ダクトレス」という日本型の空調製品をアメリカで展開する施策が含まれていました。グッドマンの強大な販売網を利用し、ダクトレス事業を大きくしようというものです。我々の得意なダクトレス製品を現地で生産することになりましたが、グッドマンではダクトレス製品を作ったことがありません。生産方法も、グッドマンは同じものを大量に同時に生産ラインに流すのに対し、ダイキンのダクトレス製品は1個ずつ生産ラインに流して生

産します。両社間で流し方も製造ラインも違うので、生産を立ち上げるために製造部隊は長期の出張で対応しています。ただ実は、製造関係の人は、言葉がわかるか否かは関係なく世界を飛び回ることにはけっこう慣れています。たとえ言葉は通じなくても作ってみせることができるからかもしれません。

**WTW**：これまでを振り返ると、PMIをどのように評価していますか？

**〈澤井さん〉**　グッドマンについては、リテンションなどの人事面の取り組みは成功したという認識です。人事的にはこれから第2フェーズに入るだろうと感じており、これから新たな独自性を持った人事制度を構築しようと考えています。そうした考え方の下、結果ではなく過程を評価する「プロセス評価」という仕組みを入れました。この背景についてお話ししましょう。共同購買や、物流を含めたバックオフィスの統合などのシナジーはけっこう結果が出てきています。一方で、商品開発、ダクトレス商品の販売は遅れています。当初から予想していたことでもあるのですが、グッドマンの考えとダイキンの考えがなかなかうまくつながらないのが主な要因だと考えています。ダイキン側の開発支援が遅れたということもあり、結局はコミュニケーション・ミスなんですね。まだ付き合いの短い相手とやる時には、ダイキン・ヨーロッパとは違うやり方をしないといけないということにお互いがまったく気づいていない。いろいろな課題が出てきたというのが現状です。今まではグッドマンのやり方を尊重する形でやってきましたが、いよいよ第2フェーズに入る中で、ダイキンのトップ層の人材を送りこんででも、ダイキン流を少しずつ入れていこうとしているところです。

**WTW**：相手方を尊重するという当初の方針があった中で、トップ層を送ることなどで、OYL買収後に生じた技術者の流出のような、現地の反発などが起きるという懸念はないのでしょうか？

**〈澤井さん〉**　今回の場合には、トップ層や少数精鋭の技術者に限定して送っており、それほどその数は多くありません。また、日本へ技術者を呼ん

で日本の開発チームと一緒に仕事をしたり、その後に現地に戻ってもらうというやり方も取り入れるなど、やる気を出してもらえるような形で進めています。日本で一緒に仕事した人が、帰ってからキーマンになってやっている。これまで開発や製造など各部門ごとにやっていましたが、グループとして制度化したところです。もともと、日本人の若者を海外へ1年から2年間、放り出して、現地人マネージャーの下で鍛えてもらう「実践研修制度」という取り組みがあったのですが、逆もやってほしいという要望が海外の人事から来たので、「逆実践研」と名付けて実施しているところです。

**WTW**：シナジーについてもう少しお聞きします。シナジーを生み出すためには、どのような体制で進めているのでしょうか。

〈澤井さん〉　OYLの時は、クロージング後に「シナジー創出戦略会議」という名称で、委員長を井上会長、副委員長をOYLトップとして、その下にワーキング・チームを作りました。グッドマンでは、先ほどお話ししたとおりすべてトップ直結です。ただ、トップが参画してシナジーを議論する会議を定期的に実施しています。その会議には、ダイキン側で言えば、生産および技術の両トップなども参加し、技術であればどんなシナジーが出るのかということをトップに報告する。シナジーの進捗については、先ほどお話しした集約担当が取りまとめています。グッドマンとしては、それを予算化して実行しないといけないので、シナジーのテーマごとに予算管理を行っています。その進捗状況も、グッドマン側とダイキンの集約担当の双方が追いかけています。シナジーの結果は一部門にはとどまらないので、お互いの部門が予算を追いかけながら、ダイキンの集約担当が全体の進捗を管理するという構図で対応しています。

**WTW**：そのシナジーについて、自社を越えてダイキン・グローバルのコストダウンを実現した時などは、どう評価すべきなのでしょうか？

〈澤井さん〉　グッドマンの購買のプロジェクトの例でお話しします。グッドマンのあるシニア・ヴァイス・プレジデント（SVP）をリーダーとし

て、世界各国で部品を共同・大量発注してコストダウンしようというプロジェクトです。このプロジェクトの結果増える利益は、世界各国の子会社にしか落ちません。プロジェクトとしての利益が出るわけではないので、各工場でのコストダウンの何割が購買プロジェクトによるものかを算定し、積み上げています。そのうえでプロジェクト・リーダーが、これだけ利益が出ているという報告をしています。

　難しいのは、このようなプロジェクトに参加しているのはグッドマンでも一部の人であるということです。今の年次インセンティブの仕組みは、グッドマンの売上げと営業利益に連動しているのですが、プロジェクト・リーダーには「他の人はしていないことを追加でやって貢献しているのに」という思いがあるかもしれません。こうしたことも踏まえると、「プロセス評価」「個人評価」を入れる意味合いはあると感じます。今まで彼らは米国内の事業、住宅用空調の1本だけで勝負していたので、皆の活動の成果はグッドマンの業績に必ず表れるという考え方でよかったのでしょう。しかし、これからは、米国以外の事業にも関与してもらわないといけないし、住宅用をやる人もいれば、業務用をやる人もいる。事業が変わり、地域も広がるとともに、個人の貢献の方向性が多様になります。「グローバル」「米国内」や「住宅用」「業務用」といった具合です。これに対応するには個人評価が必要だと考え、話を進めています。事業の広がりとともに、報酬・評価制度も変えていかなければなりません。

**WTW:**これまでM&Aの当事者として関わられている中で、個人として一番苦労した点は何でしょうか？

**〈澤井さん〉**　私は人事などを担当していますが、その範囲では長期インセンティブではないでしょうか。OYLでもグッドマンでも、もともとの株式報酬はキャッシュの業績連動インセンティブで代替することにしました。しかし、あれだけの大規模の企業を日本企業が買収した場合、「業績連動」「キャッシュベース」という中で、参考にできる企業がいかに少ないか。参考にできる企業がなければ、そこで我々が新しいモノを生み出していかなければなりません。新しいものを生み出そうとしても、「業績連

動」という枠組みの下で、こちらの論理とグッドマンの納得性を一致させるのはなかなか難しい。「業績連動」で納得性が確保できないのであれば、ダイキンの株式を渡すといったことも考えないといけないのかもしれません。しかし、ダイキンの株式を渡したとしても、グッドマンやOYLの人たちの貢献が直接株価に連動するかというと、必ずしもそうではありません。何が最適なのか、悩みの種です。

WTW：グローバルでの人事制度の共通化についてはどうお考えですか？
〈澤井さん〉　外国人幹部層の報酬については、通貨も違いますし、報酬額は地域ごとで違っていてよいと思います。賞与や長期インセンティブについても、地域によって報酬の相場が違うので、一律にする必要はないと思います。一方、ダイキン・グループとしての共通の評価軸はこうである、といったものは、やはり持ったほうがよいのではないかと感じます。調べてみると、世界を一本でやっているという企業もあるし、地域ごとに地域に任せているという企業もあるようです。一足飛びにはいかないでしょうが、ダイキンでも、ステップを踏みながら進める必要があると考えています。しかし、最終着地点をどこに置いて、どうステップを踏むかを見きわめるのは難しい。特に米国において、納得性を醸成するのが大変ではないかと感じています。

WTW：「米国で」難しいと思われるのはなぜでしょうか？
〈澤井さん〉　会社としての考え方や由来が違うからですね。もう一つ、米国にはダイキン・アメリカ、マッケイ、グッドマン、アメリカン・エアフィルターの4社があります。人事の仕組みが各社バラバラなので不平不満が出たりします。ゆくゆくは一つにしなければいけないのかもしれません。

WTW：最後に読者へのメッセージを。
〈澤井さん〉　アメリカにおける会社であったとしても、ダイキン・グループで長く働き続けていてほしい、というのは我々のベースの思いです。そういうロイヤリティを求めていくということ。先ほども紹介したとおり

「経営は人の営み、人あっての会社、各個人がやる気を持って、納得して挑戦して、成長していくことが企業の成長につながる」という根幹を信じてやっています。

**【インタビュー後記】**

　ダイキンの取り組みの特徴を一言でまとめるならば、「人基軸」ということに尽きるだろう。最終的には「人」がすべての鍵を握るという経営理念の下に、真剣にPMIに臨んでいる姿が今回のインタビューからも見て取ることができる。こうした考え方が実践されているからこそ、競争の激しい空調業界であっても、競合優位性を保ちながら長期にわたる成長を実現しているのだろう。

　今ダイキンは、OYLとグッドマンという大型買収の経験を経て、経営理念のさらなる浸透に向けて着実に歩を進めている。その努力を経て日本発の真のグローバル企業となることができるか、今後の行く末に注目したい。

# 3  味の素株式会社

【会社紹介】
　世界26の国・地域の拠点を通じて、食品、アミノ酸、医薬品など様々な事業を展開、130以上の国と地域に商品を提供している。近年の買収はAGFの完全子会社化（2015年）、米国冷凍食品製造・販売会社ウインザー・クオリティー・HD社を買収（2014年）、米国バイオ医薬品メーカーのアルテア・テクノロジーズを買収（2013年）、などである。

下保　寛（かほ ひろし）氏
味の素ヨーロッパ副社長（Vice President Food Strategy、Ajinomoto Europe SAS、2015年7月～）。1988年に入社後、食品の営業、マーケティングを担当。前職のコーポレート戦略部長でグループのポートフォリオ戦略の立案と国内外のM&Aの企画・実施責任者（2011年～2014年）を務める。事業取得したアモイ・フード・グループ（中国と米国で社員2,000名）のトップとしてPMIをリード（2006年～2011年）。海外食品事業で新事業開発担当マネージャー（2002年～2005年）。

**WTW**：M&Aにおける御社の実施体制と人事部の関与について、まずご説明ください。
〈下保さん〉　コーポレート戦略部というM&A部門があり、M&Aはその部門が中心となって実行します。さらに、事業部門、コーポレート機能部門、海外案件であれば各地域担当が参加する体制が作られます。時期としては、事業部門とコーポレート戦略部、法務部門と財務部門が初期段階から入ります。人事部は、少し遅れてデューデリジェンス開始のタイミングで入ることが多いです。これは、デューデリジェンスでマネジメント・インタビューや先方の人事部門に対するヒアリングができることがあるためです。

**WTW**：どの辺でどの部門が入るかという仕切りは、コーポレート戦略部が判断するのですか？
〈下保さん〉　コーポレート戦略部にプロジェクト・マネジメントのノウハウがあるので、ここで決めています。人事部門にもっと早く入ってもらえ

ばよかったという場合もありました。

**WTW**：意思決定のプロセスや役員会のあり方はどうされていますか？
**〈下保さん〉** 過去4年間の試行錯誤を通じて、個別案件についてステージを前に進めるか否かを議論するための専門委員会を新たに作りました。メンバーは、事業部、経営企画部門、財務部門、法務部門、コーポレート戦略部です。コーポレート戦略部は、それぞれ案件によって提案する側と評価する側の双方の役割を担います。この専門委員会では、経営会議の前段階の検討として、重要な論点出しを行い、経営会議に提起するという形にしています。この委員会・経営会議・取締役会という三つの会議をガバナンス上のゲートにしながら、案件をサイズ別、ステージ別に分けて、ルールを決めて運営しています。

**WTW**：M&Aのプロセスをルール化して、組織のノウハウを蓄積しようということですね。
**〈下保さん〉** そうです。そのルールの中に、案件実施後のレビューの義務化というのも入っていて、案件が成立した1年後と3年後にレビューを行い、結果を共有化するようになっています。

**WTW**：M&Aに際して、GoとNo Goの判断基準は設けていますか？
**〈下保さん〉** 戦略的合理性と財務的合理性、それにリスクの3点で判断します。まず当社の大きなポートフォリオ戦略、および、各事業部の戦略と合致している案件なのかどうか。加えて、財務的には、金額が合理的な範囲内かどうか。さらに、リスクとして、買収後に戦略実行の阻害要因となるような重要なリスクがあるか、ある場合にはそれをコントロールできるかについて精査を行います。

**WTW**：そうしたルールを超えて、今回はプレミアムを払ってでも買収すべきか、否かといったせめぎ合いは起こりませんか？
**〈下保さん〉** 案件ごとに徹底的に議論します。その会社を買うのに必要な

価格は環境によってかなり違いますし、我々がその価格の価値を実現できるかというのは、事業計画を見て議論すべきことなので、経営会議でしっかり議論しています。

**WTW**：個別の議論を経営会議等で行うには、いろいろな人が情報を共有化することも必要であり、けっこう時間がかかると思います。M&Aという時間的制約の大きい中で判断するにはかなり密度を濃くやらないと間に合わなくなるのではないでしょうか？
〈下保さん〉　そう思います。経営会議メンバーには、かなり集中的に情報を吸収しながら議論をしてもらっています。また、臨時で経営会議を開いたり、経営会議メンバーで個別に集まったりといったことを機動的にやれる体制になっています。会議の数と参加者は多いですが、PMIまで考えた時に後で関わってくるであろう人を、買収の前段階できちんと関与させることが必要であるという考え方に基づいています。

**WTW**：いろいろな人が関わって情報を共有しながら進めることで、PMIが効果的に進められるという考えですね。
〈下保さん〉　そうです。あの会社は一部の人が決めて買ったから俺は知らないといったことにならないように、関係者の巻きこみをかなり意図的にやっています。少数精鋭でトップダウンでやるという米国型モデルとは少し違うかもしれません。

**WTW**：シナジーに関してはデューデリジェンスの段階で定量化するのは難しいと思うのですが、どのように行っているのでしょうか。
〈下保さん〉　まず、「戦略仮説」と私たちは呼んでいますが、事業を買って何をどう実現したいかを明らかにします。仮説は一つでなく複数書けるほうがいいのですが、その仮説を徹底的に叩くということが一番大事だと思っています。そしてその仮説が実現できると、どのような経済価値が生まれるのかを定量的に議論します。
　一方で、味の素グループに買収先企業が参加することによって、戦略と

は必ずしも関わりなく買収先のパフォーマンスが上がるという面もあります。例えば海外の会社の工場に、日本式の工場経営（5S[1]やリーン・プロダクション[2]など）を導入することによって、生産効率が上がるようなコスト・シナジーです。常にこれら二つを分けて議論するようにしています。バリュエーション上は基本的には後者のコスト・シナジーにできるだけ絞って見積もるようにしています。こうしたら将来こんなに良くなるという拡大の目論見については、慎重に評価します。

**WTW：** その戦略仮説について、PMIになると、相手と一緒に検証、共有する必要があると思いますが、相手をどう巻きこんでいるのでしょうか？

**〈下保さん〉** いろいろな買収の形がありますが、交渉のかなり早い段階から仮説を相手に伝えています。これはオークションでも相対でも、売り手から見てその仮説に説得力があり、魅力的であればあるほど、買い手に対して信頼感が増えると思います。それは、ディールの確実性を担保するという意味でも大きな要因になります。

　我々がいかに真剣であるかということ、我々がいかに魅力的なバイヤーであるかをわかってもらうためにも、仮説を伝えることは重要だと考えます。相手のマネジメントに対しても、オーナーに対しても、いろいろな形で伝えています。そのうえで、戦略仮説の検証をデューデリジェンスで行います。そうするとデューデリジェンスでのQ&Aには当然、戦略仮説の実現性が反映されていくことになります。結局、一番大事なのは明確な戦略仮説を持つことだと思います。それがまず社内できちっと明確になっていて、それをきちっと相手にぶつけていく中でそれが現実化されていくという流れです。

　我々は多くの場合に、既存の経営陣をリテインするので、その経営陣にそれができるかどうかという質問をぶつけます。「それは難しい」と言われた場合には、やはりその会社は買わないかもしれません。

---

1　品質管理の基本の五つの要素で頭文字がローマ字のSとなる整理・整頓・清掃・清潔・躾（しつけ）のこと。
2　工程のムダを省き、在庫を削減しつつ効率的に生産する方式。

**WTW**：ただ、相手の経営陣に最初からそれはできないという人はあまりいないのではないでしょうか。

〈下保さん〉　それはそうですが、仮説への同意が限定的だったり、人によって自信がありそうな人となさそうな人の差は出てきますね。

**WTW**：実際には、この仮説はやりたいし、できると言っていた人が、PMIの段階では、難しくなったということはありませんか？

〈下保さん〉　各個人と議論していけば、ある程度は予測がつくと思います。例えば、仮説をぶつけて聞いていくと、相手側のAさんは相当やれると思っているが、Bさんはあまりそう思ってないということがわかってきます。しっかりとデューデリジェンスができれば、それは今AさんとBさんの事業状況が違うので、そういう反応になるだろうということもそれなりに理解することができます。そうすると我々の仮説として、この部分はこれぐらい割り引いておかないといけない、でも他の部分の確度は高いだろうといった濃淡を浮き彫りにすることができます。つまり、経営陣をリテインする前提で、個別にしっかり話ができれば、その濃淡はかなり見えてくるのです。

　それでも、お互いはっきりと合意したつもりでも、濃淡のずれによる摩擦は起こります。そこをさらにすり合わせていくのがPMIの要点ですね。

**WTW**：次はPMIにおける御社のスタイルや特徴についてお聞きします。味の素流のやり方、あるいは自社の企業理念などをPMIで展開するための取り組みはされていますか？

〈下保さん〉　味の素ウェイを表現するビデオを作りました。そのビデオは、過去の先輩の成功例で、味の素のやり方の代表例と呼べるケーススタディになっていてわかりやすいと思います。外国の人にもこういったものは大変役に立ちます。

**WTW**：PMIではリーダーシップ・チームの確立が重要かと思いますが、ここは下保さんが問題意識を持たれているところですね。

〈下保さん〉　そうです。ただ、少なくともこの何年かで言えるのは、本社のCEOやそれに準ずる人間が責任を持って統合にあたるという体制が取れてきていることです。これが本社のトップの仕事だという認識は、かなり浸透していると思います。

WTW：下保さんは、海外の買収対象会社の社長と事業部のトップが、PMIで点と点でつながっているだけだと、その一本の線が切れるとリテンションとかいろいろな問題が起こる。もっとネットワークとか面のつながりを増やすべきだと言われていますね。

〈下保さん〉　はい。統合が進んでいる会社では、現地法人のトップに対しては、地域軸であったり機能軸であったり、いろいろな形でチャネルを作って、複線・複々線型のサポートができていると思います。

WTW：いわゆる、ディール・ブレーカーについて、相手が戦略仮説の実現は無理だと言った場合には、ディールは流れるのだと思いますが、それ以外にディール・ブレークに至ったものにはどんなものがありますか？

〈下保さん〉　ディール・ブレークに至る理由は様々です。我々はM&A案件のステージを四つくらいに分けて管理しています。「戦略を議論するステージ」「案件を立てていくステージ」「デューデリジェンス等を行っていくステージ」「クロージングに向かうステージ」の四つです。ステージごとにパイプライン管理をしており、どのステージにどのような案件が何個くらいあるかを「見える化」しています。歩留りがあるので、最初の「ステージ1」に案件候補がたくさんないと最後の「ステージ4」にたどりつきません。ステージ1からステージ2の間で相当落ちるのが実態です。逆に、ステージ3まで行くとステージ4に行けることがほとんどです。

WTW：製薬会社の新薬の開発のようですね。

〈下保さん〉　似ていますね。それは結局、事業部門であったり、地域部門がいかに連携しながらステージ1の数を増やしていけるかが重要です。全社の中長期的な成功につながるいいネタを見つけて会社の根本的なポート

フォリオ戦略にしっかり結び付けるのが一番大事だと思っています。

**WTW**：クロージングの後のPMIの主体は事業部に移っていくと思いますが、どのようにバトンタッチされるのですか？

〈**下保さん**〉　買収契約のクロージングがDay 1とした時、Day 1からDay 100くらいまではコーポレート戦略部が積極的に関わり、事業部門と並走する形で案件を進めます。

**WTW**：事業部に移管される段階になると、最初の戦略仮説を事業部で修正する点も出てくると思います。その場合には、仮説を改めて検証して承認するプロセスが入るのですか？

〈**下保さん**〉　いったんふたを開けてみると、新たな発見がたくさん出てくるのは事実です。買収前に目論んだ仮説がどこまで本当にできるのかという議論を始めるのが買収契約締結時、すなわち「Day 0」です。そこからは相手の経営陣を巻きこんで、こういう順番でやろうとか、具体的な議論を行う形になります。したがってDay 0前に味の素サイドで作った絵というのを、Day 0以降は相手方と、もう一度一緒に作り直す作業を行います。

**WTW**：実際にやってみて、予測しないことが起こることはありますか？　相手の反発とか、予期しないことが発生してご破算になってしまうとか。

〈**下保さん**〉　案件にもよるのですが、相手方の事業が今どういう状況にあるのか、ということが大きく影響します。過去からの成功を継続する状況（Sustain the success）にある場合と、苦境からの脱出（Turn around）の状況にある場合では全然違います。Turn aroundの状況にあると、当たり前ですがGrowthの話はさておき、まずはTurn aroundをどうするかという話になります。Sustain the successの状況であれば、どんどん成長を目指していこうという話が可能です。その事業の状況によって、やろうと思っていることの内容やスピード感がかなり変わってきます。

**WTW**：コーポレート戦略部のメンバー構成というのは、どういった特色がありま

すか？

〈下保さん〉　コーポレート戦略部は、財務部門、事業部門、研究部門、オペレーション部門の出身者に加え、投資銀行や他社でのM&A経験者など様々なバックグラウンドのメンバーからなっています。私自身も財務部門の経験はなく、事業部側の出身です。また、メンバーには、ファイナンスや食品系の事業を経験した人、バイオファイン系の事業を経験した人、海外の現地法人を経験した人、国内の工場を経験した人など、いろいろな人がいます。そうした意味で、会社のほぼすべての分野の戦略や技術、オペレーションに関しての質問に答えられます。つまり、案件の初期段階で、多面的な情報収集を行い、戦略仮説をしっかり議論するためのメンバーが集まっています。その分、人がどうしても多くなってきてはいます。たぶん他社に比べると、人数に対する生産性はあまり高くないかもしれません。一方で、戦略スタッフの育成機能はかなりあると思います。

WTW：短期的にはそんなに効率的ではないのかもしれませんが、長期的に見れば価値があるというご判断で、このような組織を持っているんですね。

〈下保さん〉　そうです。M&Aを担当したメンバーは他部門にまた出ていきます。行く先は事業部であったり、地域本部であったり、研究開発の戦略部門であったり様々ですが、M&Aを大局的な立場で経験した人が他部門に行くことによって、会社全体の戦略構築能力が上がることが期待できます。戦略機能プラス育成機能という使命があると思っています。

WTW：なるほど、日本企業らしい長期的かつ組織的視点ですね。
　それではその中での個人としてのあり方についてお聞きします。下保さんは、一対一で外国人と議論することに慣れているかと思いますが、日本企業では、相手と議論しながら一緒に仕事をしていくことができる人材をもっと増やす必要があると思うのですが、どう思われますか？

〈下保さん〉　これからやらなくてはいけない一番のチャレンジがそこにあると思います。リテンションにしてもPMIにしても、最後は一対一の信頼関係ではないでしょうか。それがないところには、何も生まれません。

国籍や民族を超えて、一対一の信頼関係をどれだけ作れるかということですね。その関係を一つひとつ太くしていきながら、たくさん作ることが大事だと考えています。そのような信頼関係作りの成功体験を持った人を生み出すことが、これからの課題と思っています。

**WTW**：そのような信頼関係を作ったことを実感されたのは、どのようなケースだったのでしょうか？
**〈下保さん〉** 買収した中国の会社に、PMIのために経営幹部として出向していた時ですね。私の部下は多国籍で、勤務場所も香港・中国・アメリカと様々でしたが、彼らとの信頼関係をどう築くかというのは、勤務地が離れていることもあって、かなり難しかったです。

**WTW**：具体的にはどうされたのですか？
**〈下保さん〉** それはもう単純に、できるだけ多くの回数、話をするしかないなと考えました。例えばアメリカの部下とは、毎月必ず電話で1時間話す。さらに、年に2回私がアメリカに行き、年に2回か3回は彼が香港に来る。そうすると年に5回か6回会えるわけです。そして、会ったら二人で必ず食事をして、彼が何に悩んでいるかを追えるようにしました。特に具体的な指示をしなくても、彼がどのようなチャレンジをしていて何に悩んでいるかを常にわかるようにする。非常に当たり前のことですが、それを行った結果、強い信頼関係が築けたという体験があります。

**WTW**：話は少し戻りますが、先ほどPMIの成否を、事後的にレビューすると言われましたが、レビューの結果、合格・不合格のような判定はされるのですか？
**〈下保さん〉** 当社のカルチャーだと思いますが、はっきりとした白黒はあまり付けません。ただ、買収前の事業計画に対してできているかどうかは明確にレビューをします。

**WTW**：御社でも最近では、外国人の社員がM&Aの企画やPMIのリーダーとして関与することが出てきたように見受けられますが、その人たちが戸惑うようなこと

はありますか？

**〈下保さん〉** 日本人同士だと、曖昧なことや不具合なことがあっても、ムラ社会的なコミュニティの中で、まあ仲良くやろう、という逃げ道があると思いますが、外国人の場合にはそれは難しいでしょう。これはM&Aというより、外国人社員を含めた、グローバル経営であり、時には人事ガバナンスの課題だと思います。

**WTW**：今までのご経験を振り返って、苦労した点、学んだ点をお聞かせいだだけますか。

**〈下保さん〉** まずは明確な戦略仮説をしっかり持つということが一番大事だと思います。この会社を買って、絶対これとこれは実現するということが明確で、本体の社長も相手方のマネジメントも含めてその点が共有されていれば、成功確率は相当上がるでしょう。それが曖昧であれば、どんなにいい会社を買収してもうまくいきません。

その次に、自分の会社は何が得意なのかをきちんと理解、認識していることが大事です。例えばわが社は日本のメーカーなので、海外のメーカーに比べれば、生産や販売が得意だと思います。戦略仮説とは直接関係がなくても、買った会社のために最初にしてあげられることは、例えば工場での業務改善活動だったりします。まずは5Sをやりましょう、ジャストインタイムをやりましょう、リーン・プロダクションをやりましょうと。それだけでコストが下がるわけです。PMIの時にこれは必ずやろう、できるという勝てるカードをしっかり持つことが非常に大事です。それは、相対的に自分たちの強みをしっかり認識していることから始まります。

後は、PMI、リテンションにおいて、一対一の信頼関係を多面的に築いていくことがポイントだと考えています。

**WTW**：仮説は、検証して修正していくプロセスを迅速に回す「スピード」が大事ですよね。M&Aにおいては、最初に立てた仮説について、変えるべきかどうかを素早く判断して修正することが重要だと思いますが、このあたりはどのようにされているのですか？

〈下保さん〉　理想的に言うと、二つ、三つの骨太な仮説があって、骨太のところについてはやはり崩れないままであってほしいですね。ただ、いつどうやって実現させるといった細かいところはどんどん変えていけばいいと考えています。買収した後は、買収前にはなかった膨大な量の情報が入ってきます。その中では、何も変わらないはずはなく、しなやかに修正しつつ、かつ芯はぶれずに通していくというのが理想だと思います。

WTW：そのような柔軟性を発揮するには、組織全員で細かいところまで判断して動くのは難しく、少数精鋭で動かざるをえないのではないでしょうか？
〈下保さん〉　その意味では、骨太のところだけ握れていれば、後は現地に任せます。現地のマネジメントに、こことここは譲れないけど後は任せたと、いうことをはっきりさせるのがすごく大事だと思います。

WTW：そのような観点から考えた時、今まで買収した中でうまくいっている会社の割合はどのくらいでしょうか？
〈下保さん〉　それは難しいですね。原理原則的にはうちのやり方でそんなに間違ってないと思います。ただし、戦略仮説が崩れている場合とか、元から弱い場合はやはり駄目ですね。戦略仮説が最初からしっかりしている場合はうまくいく可能性が高いですね。

WTW：最初の戦略仮説が弱かったと思われるのはどのようなケースですか？
〈下保さん〉　例えば、細かい仮説が10個もあるという場合です。それは骨太ではないですね。1個1個が小さい散発的な集合で10個書いてあるだけです。企画書には、10個あるのでいろいろな可能性はありますと書いてあるのですが、後でそれぞれにできない理由が必ず出てきます。また、10個もあると、どうしてもこだわるものもなくなります。過去には、結局何で買収したのかわからない、という案件もありました。
　他の例としては、ものすごく仮説の抽象度が高く、具体的でない場合もありました。それは仮説ではなく、キャッチフレーズです。そうするとやはりうまくいきません。そういう教訓を反映して、今は仮説を深めるファ

ンダメンタルズはできあがってきたと思います。

**WTW**：M&Aの仕事自体についてはどう思われますか。
〈下保さん〉　M&Aの仕事は、グループ全体のポートフォリオ戦略の実現の一翼を担う重要な仕事であり、極めて難易度の高いプロジェクト・マネジメント能力と、リーダーシップが要求されます。プロジェクトやPMIを通じてリーダーシップを育成していくためには非常に良い仕事だろうと思っています。

**WTW**：下保さんは、コーポレート戦略部の部長として、海外出張なども含めて相当過密なスケジュールをこなされていましたが、そのような中でやる気を維持した動機の原泉はどのようなところにありましたか？
〈下保さん〉　コーポレート戦略部長としては、グループの事業ポートフォリオにイノベーションをもたらす、ということが一番のやりがいだと思っています。全社的なポートフォリオ戦略の立案が一番大事で、案件の実行だけになってしまうと、なかなか会社に貢献しにくいのではないかと思います。トップダウンの強烈な米国企業ではトップ少数が戦略を考えて、ファイナンスも含めて判断していくと思います。そういうやり方であれば、M&Aチームは実行を担うチームで機能すると思います。でも日本の会社は、すべてを皆で一緒にやっていくので、戦略も考えないと機能しにくいと思います。ポートフォリオ戦略の策定に関わりながらそれを実行する、また案件の実行側から見て、こんなところも買えるということからポートフォリオ戦略に遡ってまた考える。こうしたやり方が取れるのが日本の会社の特徴ではないでしょうか。日本の会社のM&A部門は、そういう機能を果たす戦略部門として必要ではないかと思います。

　後はやはり、日本の会社が本当の意味でもっとグローバル化していくというミッションの最前線にいる、というやりがいを感じます。M&Aの仕事は、常にお取引などまったくない異文化の人たちと生でぶつかっていく仕事です。本当の意味で"Who we are"を常に考えて、説明しなければならない仕事で面白いですね。

**WTW**：逆にそれを面白いと感じる人と、それがしんどくて、もう少し定常的なところでやりたいと思う人とで二分されるのかもしれないですね。

**〈下保さん〉** そうした意味ではめちゃくちゃにしんどい仕事だと思います。M&Aというのはハンターの仕事で、ファーマーではないですね。ファーマーは飢饉があったりするけれども、こつこつとしっかり耕していけば、収穫の上がり下がりはあるにしてもある程度の収穫は見こめます。ハンターは常に100かゼロなのですね。成果が非連続でしか出ないので、1,000時間を費やしても成果がゼロということが普通にある仕事です。その大変さというのは感じます。

**WTW**：下保さんが部長だった時に、部下の人たちがいくら案件を探してきても、全然ものにならない時にはどうやって励ましていたのですか？

**〈下保さん〉** それは、M&Aセクションに共通の悩みと言えますね。基本的には、対応方法は二つです。一つは案件のパイプラインで数を回す。数を回すことによって、会社全体としても、ある確率で一定数の案件を成立させられるようになる。そして、個人としても、例えば3年いれば、必ず1個か2個は最後までたどりつく案件を経験できる。そこで、会社としても個人としても確率を上げていくことが達成感になります。

　もう一つは、ここは、自分にとって成長できる場だということを認識することです。極めてストラテジックで、ここでしか学べないことがある仕事なので、社内でキャリア・チェンジをする時には、おどり場として力をためることができる。そのようなモチベーションはわかりやすいと思って部下たちに伝えていました。

## 【インタビュー後記】

　トップダウンのM&Aとは異なる日本企業のアプローチについて、いろいろな示唆をいただけた。コーポレート戦略部での活動と、買収先企業のCEOの立場で海外企業のPMIに取り組んだ体験をお聞きした中で、骨太の戦略仮説の立案、多様な関係者による徹底的な議論、買収相手との信頼関係作り、日本企業らしい人材育成、という点が印象的である。

## 2 企業統合のケーススタディ

日本企業が実施した海外企業のPMIについて、3つの事例を紹介する。
①のケースは、買い手である日本企業の海外拠点と買収対象の米国企業の、米国およびタイの拠点の統合の事例である。②のケースは、カーブアウト・ディールにおいて、新会社を独立した会社として機能させるべく、経営陣、インフラなど事業基盤を整えることが、統合の優先課題であった事例である。③については、企業文化の統合の一般的なアプローチをまとめたものである。

### 1 株式取得案件
――〈日本法人A社による、米国法人B社の買収〉

本案件は、日本のメーカーA社が、欧米市場の商圏と生産力の拡大を主目的に、米国に本社と技術開発・営業部門がある同業メーカーB社の株式を取得した事案である。B社はプライベート・エクイティ（PE）ファンドによる買収とともに非公開化された企業であった。オークションを通じて、買い手は最高買収価額を提示した日本のA社に決まった。A社・B社はともに、米国とタイに拠点を有していた。

**デューデリジェンス〜買収契約調印までの流れ**

本案件では、買収後に米国とタイの両拠点の統合の可能性を視野に入れ、デューデリジェンスにおいては、各種人事制度の精査と、カルチャー面でのギャップの洗い出しを行った。その結果、デューデリジェンスによっていくつかの具体的な潜在課題が明らかにされた。制度（ハード）面では、買収後の経営体制の確保、人事諸制度（退職給付、医療保険等）の統合について、様々な対応が必要になる可能性が高いこと、それに伴って一定のリスクを伴うことが指摘された。さらに、企業文化のソフト面においても、両社の文化の相違が認識されていた。

デューデリジェンス段階で実施した作業内容を振り返る。リテンション・経営者報酬については、現経営陣の当面の残留を前提に、まずは、現

**図表5-1** ケース①「株式取得案件」の概要

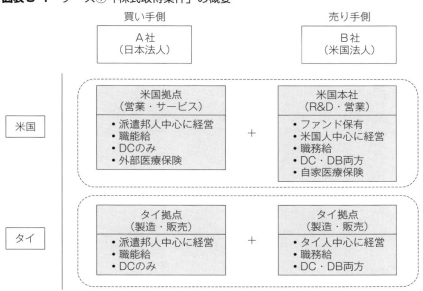

(注) 外部医療保険:保険会社から購入する医療保険。　DC:確定拠出型年金。
　　 自家医療保険:自社で保障給付を行う医療保険。　　DB:確定給付型年金。

在の報酬額や制度内容を確認しつつ、ベンチマーク分析を実施した。また、売り手である株主や経営陣に対してインタビューを実施し、現経営陣が今後どのような役割を担うことができるのかを丹念に確認していった。その結果、現経営陣は、事業の中長期的な成長を担うことのできる人材というよりは、短期的に事業収益をターン・アラウンドさせることを専門とするタイプの人材であるということが明らかになっていった。これは、ある程度短期間のうちに事業売却を目指すB社株主のPEファンドの意向が反映されたものである。このような確認を経て、長期保有およびシナジー創出を目指すA社の青写真の下では、いずれかのタイミングで経営陣を入れ替えることが必要との認識に至った。

　その他、人事制度面においては、米国拠点とタイの子会社について、既存の人事制度の内容を確認し、A社およびB社の制度内容について、米国とタイの両地域における一般的な慣行と照らし合わせ、どのような違いが

**図表5-2　ケース①「株式取得案件」におけるPMIのポイント**

- 買収後の経営体制
  - ファンド保有会社であったため、CEOはPEファンドが送りこんだ、ターンアラウンド型の経営者であり、買収後の経営には必ずしも向いていない可能性を懸念。
- 人事制度の相違
  - タイ拠点について、米国B社は職務給ベースであることに対して、日本A社は職能給がベースとなっている。
  - 米国において、米国B社は等級を細かく区分した等級体系を有していたが、日本A社は少ない資格で構成される「ブロード・バンド」と呼ばれる等級体系を有していた。
  - 一定期間の同一条件の維持が必要。
- 退職給付制度の相違（米国）
  - 確定給付型：DB、確定拠出型：DCの混在。
- 医療保険制度の相違（米国）
  - B社は自家医療保険であるのに対して、A社は外部の医療保険。
- 企業文化の相違
  - 国の文化に加え、企業文化も両拠点ともに大きく相違。

存在するのかを検証した。その検証によって、B社には過去に買収した会社の人事制度が複数併存していること、B社の米国拠点は、確定拠出型年金（DC）と確定給付型年金（DB）の両タイプの年金を有していること、米国の医療保険もその他の人事制度と同様に、外部ベンダーを活用しつつ複数の制度が存在していることなどが判明した。B社には労働組合があり、過去にはストライキが決行されるなど、労使関係には一定の緊張関係が存在することも明らかになったことから、買収後の統合に際しては、細心の注意の下である程度時間をかけて進めることが必要である、との結論が導き出された。当初A社では、買収後早期に各地域において組織統合を実現し、シナジー創出をもくろんでいたが、検証結果はその見立てに見直しを迫るものだったのである。さらに、買収契約の交渉の中で、B社から、社員の雇用条件は同一のまま1年間維持してほしい、という要望があったため、A社としては、当面米国・タイで組織統合は行わないこととし、人事諸制度の共通化は早くても2年目以降に実施することがA社の初

期的な方針として社内合意された。これらの検証やA社内における方針の修正に基づき、A社は、シナジー効果の創出時期とその規模、また、統合における必要コストなどを想定しつつ、シナジー効果の見積りを修正した。

　また、経営陣とのインタビュー・セッションを通じて、企業文化についても確認がなされた。A社が意思決定をする際は、様々な関係者間で擦り合わせを行ったうえで、十分な合意がなされることを重んじているが、B社は、率直な議論を実施するものの、議論に参加する当事者間の合意の有無があると否とを問わず経営トップが意思決定を行い、その後はその方針を忠実に実行する、というカルチャーであった。デューデリジェンス期間中に実施した複数回の経営陣インタビュー・セッションや、デューデリジェンスにおけるB社の作業の進め方を見るにつけ、A社経営陣は、こうした意思決定プロセスの違いについても、統合作業の本格化の前に何らかの手を打つ必要があると考えるに至っていた。

### 買収契約締結後〜PMI

　B社の経営陣はいわゆる「再建のプロ」であった。B社の経営状態は既にPEファンドによる買収当時の危機的状況を脱しており、そうした意味においては、B社の現経営陣の能力が活かされるステージは既に終わっていた。とは言うものの、B社としては、買収直後の不安定な時期において、組織を維持するうえでは、現経営陣の力が当面は必要であると考え、リテンション・パッケージの導入を検討した。A社のニーズとしては、あくまで買収直後のある程度短期のリテンションを想定しており、中長期的には新たな経営体制を構築したいという意向を持っていた。そこで、買収契約締結前に、現経営陣との間で12か月の期間限定の雇用契約を締結し、その契約の中で1年後のリテンション・ボーナスの支給を約束した。もちろん、会社への在籍を支給の条件とするものである。さらに、前述のとおり、中長期的には別の経営体制が相応しいと考えていたので、社内の経営幹部候補の選定や、サクセッション・プランにも着手した。具体的には、主要ポジションについて後継候補を複数あげるように、B社の経営陣

および人事に協力を依頼したのである。同時並行で、A社側においても、外部のヘッドハンターに接触し、B社の経営を担うことのできる人材候補の洗出しを依頼した。

　次に、人事制度についても様々な方針がこの時期に定められた。米国において、A社はいわゆる「ブロード・バンド」と呼ばれる、少ない資格で運用される仕組みを持っていた。各資格（バンド）について定められる基本給レンジは、資格数が少ないことから、相当の幅を有していた。一方でB社の米国法人は、各役職固有の市場水準をもとに細かく等級を区分したうえで、その等級別の基本報酬水準管理を実施しており、A社とは異なる運用方式を採用していた。A社は、給与レンジの範囲内で、役職に加えて自社の評価履歴などに基づき能力を重視して給与水準を決定していたことから、B社の方式にただちに移行することは難しいことが想定された。侃侃諤諤の議論を経て、最終的には、A社のブロード・バンド方式を新会社で採用し、これをもとに2年後に統合することにした。年金制度については、B社米国法人が有していた確定給付型年金（DB）は、退職給付債務を抱える点が嫌気され、その廃止が決定された。ただしDBの代替制度として確定拠出型年金（DC）の拡充が実施され、処遇の不利益変更が発生しないような配慮をすることでA社・B社が合意した。米国の医療保険については、多くの社員を抱えるほど規模のメリットが見こめることから、外部保険から自家保険に統合するという方針を立てて実行に向けて進めているところである。その検討においては、A社とB社で、有利な条件で活用することのできる医療機関ネットワークが異なることから、一部の従業員から不満の声が出された。こうしたケースにおいて、すべての社員が満足する万能の策はなかなかなく、個別のコミュニケーションを通じて不満を和らげるほかはない。本件においても、人事部主導の下に、影響を受ける社員に対して丁寧な説明が実施され、社員の不満は一定期間を経て沈静化されたようである。

　タイには、A社・B社双方が生産拠点を抱えていた。両社は、デューデリジェンス段階よりも細かい情報を入手・共有化したうえで、共通の人事制度の導入を検討した。A社は日本的な職能資格制度を会社の立ち上げ時

から適用しており、日本から派遣された駐在員が、経営層をはじめとする枢要なポジションの多くを占めていた。一方、B社では、市場における報酬の競争力維持を重視するという観点から、市場水準との比較検証が容易な米国式の職務等級制度が使われていた。その結果からか、給与水準については、概してA社よりもB社のほうが高かった。なお、B社ではマネージャーの現地化が進んでおり、経営ポジションも含めてほとんどの社員は現地人スタッフであった。

　A社には、現場の物づくりを支えているのは、職能資格制度に基づく育成型人事があるからこそ、という信念があり、安易に米国モデルの人事制度に変えることには抵抗があった。一方で、せっかく育成したB社の優秀な現地人マネージャーを、他の競合する現地欧米企業に高給でスカウトされてしまうのではないか、という危惧も持っていた。そこで、買収を契機に、つなぎとめが重要な幹部には市場における報酬の競争力を維持することを目的として共通の職務給制度を適用する一方で、育成途上の現場の一般社員には職能等級を維持するというハイブリッド型の等級制度を導入することを決定した。また、新しい制度への移行に際しては、A社・B社共通の客観的な等級判定の仕組みが必要である、との問題意識から、職務等級の共通化とともに、マネージャー以上を対象としてウイリス・タワーズワトソンのGGS（Global Grading System）を導入し、コンサルタントのインタビューを通じてすべての役職の職責の重さを判定した。その結果、タイトルはマネージャーでも実質的には管理職とは言えないポジションが浮き彫りとなり、市場データを参考に市場競争力を意識した報酬水準決定がなされるようになった。なおその後一定期間を経て、米国でもGGSが導入され、地域を越えて横串が通された。米国人幹部がタイに出向するケースが発生した際には、共通グレードの仕組みによって異動後の処遇の検討がスムーズに進んだようである。

　なお、多様な人材の登用については（いわゆる「ダイバーシティ」）、B社のほうがはるかに進んでいて、日本流のやり方に馴染んでいた日本人現地法人社長や赴任した日本人駐在員幹部の意識転換が必要であった。しかしながら、こうした意識変革は一朝一夕にできるものでもなく、A社では

引き続き努力を継続しているとのことである。

なお、本案件を契機に、グローバルな人材マネジメントを全世界で共通にしていこうという方針も確認された。それに伴う旗振り役としての役割として、人事部の役割がいっそう重要になることは論をまたない。ところが、A社の人事部ではこれまで、給与計算や事務業務に時間の大半を費やしており、新制度設計や対象者コミュニケーションなどの戦略的業務には必ずしも従事していなかった。今後は、よりグローバル化が進んでいるB社の事業・組織を支援するビジネスパートナーに進化することができるかが課題と言えよう。ちなみに、日本企業の伝統的な制度に慣れ親しんできたA社の人事部長が制度移行のリード役を果たすことは困難と考えられたため、営業で海外赴任経験のある人材が、A社とB社の統合人事部の部長に就任し、新会社におけるグローバル人材マネジメントを推進するようになった。

また、企業文化については、デューデリジェンスにおいて認識されたA社とB社のカルチャー・ギャップについて、客観的な方法でその差の程度および内容を確認した。特にB社については、新たに実施した社員意識調査を参考にして、相互のキーマンへのインタビューも加えて行い分析した。その後、経営幹部を対象とした文化融合ワークショップを企画して、相互理解を深めつつ、統合後の事業目標についても共有化を図った。しかしながら、こうした取り組みを経ても真の完全統合の実現は容易ではない。中長期的に取り組みの継続が求められるし、A社の事例においても、引き続き統合に向けた努力が行われている状況である。なお、ワークショップでは、日本人・タイ人・米国人のコミュニケーションや意思決定のプロセスの特徴の説明が各国の社員には好評であった。

## 2 事業部門取得案件
── 〈日本法人X社による、米国法人Y社のZ事業部門の買収〉

### デューデリジェンス～買収契約締結まで

医療機器メーカーX社は、米国大手企業であるY社からZ事業部門を買収することでY社と同意した。背景としては、大手コングロマリットであるY社が、事業の「選択と集中」の方針の下で、Z事業（部門）の切

**図表5-3** ケース②「事業部門取得案件」の概要

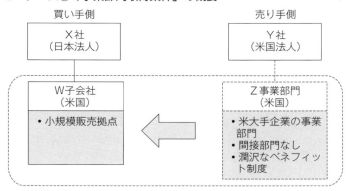

り出し・売却を決定したものである。一方、本件は日本のX社にとっては、Z事業部門の取得により、同事業において世界トップクラスの地位を固めるという飛躍を遂げるチャンスであった。X社からY社への打診後に半年をかけて交渉した結果、その間にデューデリジェンスを経て無事買収契約を結んだ。

デューデリジェンス段階から、カーブアウト案件に特有なスタンドアローン・イシューと言われる課題がいくつか認識されていた。

人事制度面に関して、Y社は米国の伝統ある大企業の傘下にあったためか、報酬やベネフィット（退職給付、医療保険等）などについては、米国市場平均以上のレベルであることが確認された。退職年金については、確定拠出型（DC）が採用されており、医療保険については、Y社の規模を活かした自家保険となっていた。こうした中、Y社からは現在の雇用条件を2年間維持してほしいという要望が出されたが、交渉の結果、現雇用条件を1年間維持したうえで2年間の雇用は保証するという方式で合意に至った。

一方、事業譲渡の受け皿としては、X社の米国法人W社がなった。こちらは米国で一般的な人事諸制度の下で運営されていた。

企業文化については、Z事業がY社という米国を代表する伝統企業であったことから、その差異は明らかであった。

**図表5-4　ケース②「事業部門取得案件」におけるPMIのポイント**

- 買収後の経営体制の構築
  - 大手企業からの切り出し案件であり、当該事業部門には、CEO、COOレベルの経験を有する人材は移籍対象にいない。
- 社員の円滑な転籍の実現
  - 社員の転籍プロセスが必要となる。
  - 間接部門の移籍がないため、TSAの交渉が必要。
- 雇用条件の格差
  - 雇用条件の一定期間の維持が求められる中、Z事業部門は、米国大手企業の一部であり、かなり高い報酬・ベネフィット水準にある。
- 切り出しに伴うコストアップ
  - 大企業からの切り出しに際して、ベネフィット関連（退職給付、医療保険、福利厚生など）に規模の不経済による、コストアップが想定された。
- 企業文化の相違
  - 大企業の一部からの移籍に際しては、社員の心理的な抵抗も想定された。
- コミュニケーションの重要性
  - 想定された社員の抵抗に対して、早い段階から新会社のミッション、バリューや戦略的な方針について、情報発信を行い、リテンション（離職防止）や士気の低下を防ぐ必要があった。

### カーブアウトの実行

　買収契約の締結には至ったものの、X社がZ事業を買収することの是非を決める米国公正取引委員会の審査が3か月～6か月かかることが判明した。そこで、Y社からの情報提供に制約を受ける中で可能なかぎり情報を共有して、許可が出たらすぐPMIを開始すべく、審査完了までの期間を買収準備期間と位置付け、図表5-5のような工程表を作成して準備体制を整えた。

　まず、次期CEOとなる当該事業の部門長に対して、インタビューを通してリーダーとしての覚悟を問うとともに、新しいガバナンス体制の下に、新会社での本人の役割と新たな報酬内容について合意した。

　また、一般社員については、Y社の人事部と協働で社員説明や転籍準備を行った。転籍時には、全体として買収前と同等の雇用条件を提供するという約束に基づいて検討したが、Y社と同一ベネフィット・プランは規模

**図表5-5　作業工程表の例**

| 実施事項 | 2016年X月 | X月 | X月 | X月 | ～ |
|---|---|---|---|---|---|
| プロジェクト・マネジメント | ▲　▲ | ▲　▲　▲ | ▲　▲ | ▲　▲ | |
| | | 進捗管理／各種会議の運営・リード | | | |
| 社員コミュニケーション・転籍準備 | 方針策定 | | 新会社概要説明 | 個人別条件提示 | 新会社発足・転籍実施 |
| 社員ハンドブック | 現行規定レビュー | 要修正箇所の確認 | | | |
| リテンション・プラン | 現状把握 | 対象者と内容の確定 | | | |
| 報酬制度 | 制度レビュー | 賞与・昇給の対応方法検討 | | | |
| 福利厚生・健康保険制度 | 制度レビュー | 制度設計・コスト試算、方針決定 | | 新会社における各種人事制度の詳細設計 | |
| 退職給付制度 | 制度レビュー | 制度設計・コスト試算、方針決定 | | | |
| 採用活動 | 採用方針の検討 | ベンダー選定 | 採用活動 | | |
| 人事ITシステム | 現状レビュー、方針の検討 | ベンダー選定 | システム開発／立ち上げ | | |

の小さいW社では提供することが困難だと想定されたので、Y社の制度が、事業譲渡後のW社で継続できるのか、継続できないなら同等の代替プランがあるかを検討した。これをベネフィットの比較表の項目別に検討して、社員が納得するであろうプランを作成した。さらに、こうした内容は個別の転籍同意書のドラフトにも反映された。一方、買収後の組織立案のため、社員一人ひとりの情報、現組織におけるポジションの状況について、売り手や対象会社から情報を得ながら、新組織の組織を設計しつつ、その組織において想定されるポジションとその要件を設定した。

　福利厚生制度については、社員の関心が高いことが当初より予測されたので、FAQ（想定問答）などを作成して準備した。そのおかげもあって、半年後に当局の許可が出た後に本件買収について社員説明会を実施した際に、社員の質問にも適切に答えることができ、転籍同意書のサインをスムーズに取得できた。

　一方、Y社においてZ事業をサポートしていたが、本社間接部門からW社へ転籍する人間はいなかったので、TSA（Transition Service Agreement）で1年間のサポート（総務、人事、IT、経理）の契約を結び、人

事関係は新人事マネージャーが採用されるまで、人事コンサルタントの支援を得ることになった。

**買収契約締結後〜PMI**

　Y社の規模で提供されていたベネフィットと同等のものを、ずっと小さいW社で提供するため、1人当たりのコストは割高なものとならざるをえなかったが、X社は合理化によるそれ以上のコストダウンをデューデリジェンス段階で見こんでいた。

　PMIではそのコストダウンを実現するための諸施策を、日本から派遣した幹部と技術スタッフが実行した。新設備を導入し、効率化を図ることで、必要とする人員数を減らしていった。ただし解雇は避け、退職に伴う自然減と採用を抑制することで既存社員の雇用は維持するようにした。技術スタッフのスキルアップを図り、目標の生産性に達したらチームボーナスを出す仕組みにした。生産性向上によるコストダウンがベネフィットなどのコストアップを上回ったので、トータルの人件費が結果として下がり利益増加に貢献した。

　また、米国の伝統企業であるY社の企業文化は、X社のそれとは大きく異なっていた。特に、大企業Y社の社員であることに誇りを持つ社員が非常に多かったのである。買収後の社員のモチベーションの低下が心配されたため、コミュニケーション戦略には特に配慮した。特に、Z事業はY社では小さい「ノンコア」事業であったが、X社と一緒になることで、この分野では世界一になる、というメッセージを社員に送り続け、社員が新会社の発足とともに高い意欲を持って仕事に臨むことができるよう、経営陣の継続的努力が行われた。

## 3　企業文化の統合案件

　企業買収あるいは合併後のPMIにおいて、新会社の具体的な業務施策の実行によるシナジーの創出の前提として重要になるのが、新事業戦略と整合した形での企業文化の浸透である。

　つまり役員から一般職員に至るまで、全社員の考え方や行動・アクショ

ンを目指すべき方向にベクトルをそろえることがPMIプロセスの推進のうえで極めて重要となる。

このセクションでは、海外における事例研究を通して、企業カルチャーを事業戦略にどのようにして整合させたのか、具体的に見ていきたい。

プロセス全体像については、図表5-6をご覧いただきたい。
企業文化の導入は、大きく分けて、三つのステップからなる"一連のプロセス"とその結果の検証による"継続的な反復プロセス"からなる。

① コミュニケート（Communicate）
――新しい企業文化の社員への伝達
ここでは、新会社としての戦略に整合する企業文化とは何かをまず定義する。そして、その企業文化の表す具体的な考え方（Thinking）、行動（Behavior）、期待される業績、また迅速に変化する必要性を説く。

② 測定（Measure）
――目指すカルチャーと現状とのギャップ測定
次に、目指すべきカルチャーと自社の現状とのギャップについて、社員意識調査、顧客ヒヤリング・サーベイや財務指標を通して分析・把握す

**図表5-6** 新しい企業文化を導入する大きな流れ

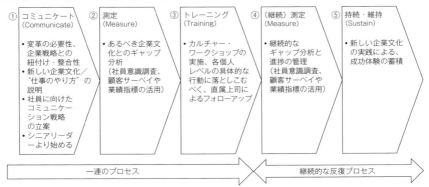

る。具体的には、特定のカルチャーを表象する考え方・行動パターン（例えば、作業プロセスなどをマニュアル化している、多様な意見を吸い上げる仕組みがある等々）について、目指すものと、現状がどれだけ相違しているのかを測定する。

### ③　トレーニング（Training）
#### ——新カルチャー定着のためのトレーニング

トレーニングの場として、ワークショップ（社外での研修）などがよく活用される。ここでは、目指すべきカルチャーが、チームや個人レベルに落としこまれ、個人はどういった行動を明日からとるべきなのかを具体的に考え、理解してもらう。

ここまでが、繰り返される一連のプロセスということになる。

この先は、図表5-6のとおり、④「（継続）測定（Measure）」を改めて実施し、新カルチャーの浸透具合を継続的に測定する。そして、ギャップが残存しているようであれば、一連のプロセス①〜③を繰り返すことになる。その結果、⑤「持続・維持（Sustain）」で示すとおり、新カルチャーの定着が、事業パフォーマンスに反映されていくことを確実にするためこのプロセスを繰り返す。

それでは、次に企業文化の考え方や行動をどう定義していくのかを見ていきたい。

この図表5-7が示すのは、上位に位置する新会社としての、企業理念やミッション、および企業バリュー・行動規範がまず起点になるということである。そして、その実現のための戦略とその鍵となる、いわゆるKSF（Key Success Factors）に落としこまれる。さらに、ここから企業文化を表象するチームあるいは個人レベルでのKey Behaviors（鍵となる行動・アクション）へと具体的に定義されていくことになる。

図表5-8の例では、自社の競合上の差別化要因として、四つの戦略項目を掲げている。これらを表象する対となるカルチャー、つまり考え方や行動・アクションについて、同じく四つの項目を抽出している。

**図表 5-7** 企業文化の基本となる企業理念と社員行動

**図表 5-8** 企業戦略と企業文化の整合性（ITサービス企業の例）

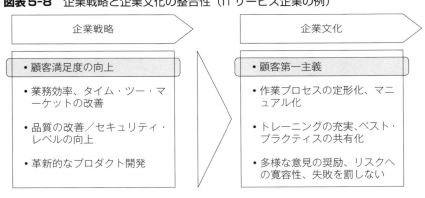

　これら4項目を新組織の中に定着させる際には、この中において優先順位を付けて取り組むプロセスが効果的である。いわゆる、通常BPR（Business Process Re-engineering）などの変革プロジェクトにおいては、立ち上げの勢いを創出していくために、クイック・ヒッツ（Quick Hits）と言われる、最も短時間で、相対的に大きな効果が期待できるものにまずは注力するやり方である。図表5-9をご覧いただきたい。

　この図表5-9が示すとおり、この事例では、戦略的な分析に加えて、社

**図表5-9** 行動・アクションの優先順位付け

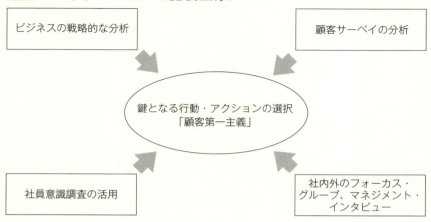

員意識調査、顧客サーベイ、社内外のフォーカス・グループやマネジメント・インタビューを通して、まず取り組むべき項目を一つに、すなわち「顧客第一主義」に絞っている。

このようにして、取り組むべき優先課題を決定するわけだが、次にこのカルチャー、つまり行動・アクションをワークショップを通じて、どのように役職員に植え付けていくのかについて見ていきたい。

こうした行動様式を浸透されるために有効なのが、ワークショップ（社外での研修）である。このワークショップは、図表5-10が示すとおり、現場のリーダーである、マネージャーに対して、まず実施することが重要である。つまり、マネージャーは企業文化の担い手であり、すべての従業員のお手本として、率先して期待される行動を取っていく必要がある。

ワークショップの構成要素としては、図表5-11が示すとおり、①ビジネス環境やその中での戦略の変革の必要性の理解、②戦略と整合する行動・アクションの選定について、③行動を実現するチーム、個人レベルの具体的なアクション・プランの策定、④変革の埋めこみ、という流れになる。

それでは、次に「顧客第一主義」を事例にどういった作業を行うのかを見ていこう。

**図表5-10　ワークショップにおけるリーダーの役割**

```
┌─────────────────────────────────────────────────────┐
│   企業文化・カルチャーとは、リーダーの行動と言動によって定義される   │
├─────────────────────────────────────────────────────┤
│ • リーダー一人ひとりが新たなカルチャーの推進役である。              │
│ • リーダーがまず模範を一般社員に示す。                          │
└─────────────────────────────────────────────────────┘
                          ▼
┌─────────────────────────────────────────────────────┐
│       リーダーは企業文化の変革のロールモデルになる              │
├─────────────────────────────────────────────────────┤
│ • 新たなアクションプランに基づき、行動するところを見せる。           │
└─────────────────────────────────────────────────────┘
                          ▼
┌─────────────────────────────────────────────────────┐
│         変化のプロセスをリーダーとしてサポートする             │
├─────────────────────────────────────────────────────┤
│ • チームメンバーが新たなカルチャーの導入に貢献するプロセスを、リー    │
│   ダーとしてきちんと認識・評価することで組織的な継続性を確保する。  │
└─────────────────────────────────────────────────────┘
```

**図表5-11　ワークショップの四つの構成要素**

| | | |
|---|---|---|
| ① | ビジネス環境や戦略的な前提の理解 | • 新会社の企業理念・ミッション、事業戦略の理解と変革の必要性を説く。<br>• ハイレベルな企業の戦略・バリューと個人レベルの行動・アクションの関連性について明示する。 |
| ② | 戦略と行動・アクションの整合性の理解 | • 新たな仕事のプロセス・やり方とは、どういった内容か、具体的にイメージする。<br>• 優先的に取り組むべき行動・アクションを2〜3に絞りこむ。 |
| ③ | アクション・プランの策定 | • チーム全体および各個人レベルの具体的なアクション・プランを作る。<br>• 鍵となるいくつかのアクションに絞りこむ→継続的なフォローアップの実施。 |
| ④ | 変革の埋めこみ | • リーダーの下、①に立ち返り、③の結論を再確認する。<br>• チームワークの表彰と将来の成功への重要性を確認。<br>• 前向きに楽しむ。 |

**図表5-12** ワークショップにおいてフォーカスすべき行動・アクション

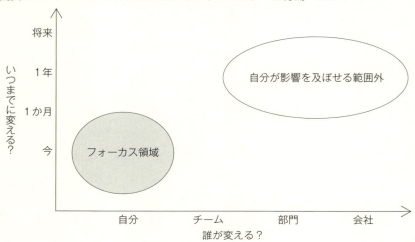

**図表5-13** サービス提供に際して関与するすべての要素を見直す
　　　　　　（ITサービス企業の例）

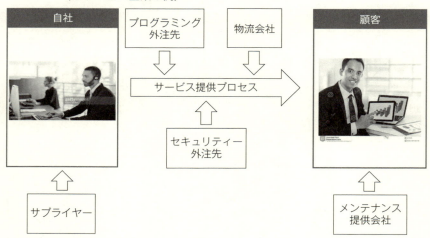

**図表5-14** 変革すべき三つの具体的な行動・アクションの特定
- 自分と顧客の間に存在するビジネス・パートナーを含めて、三つの具体的なアクションを考える。
- その結果、顧客満足度は、どのように向上することが期待できるかを、チームに提案し、議論する。

| 改善に資する行動・アクション | 顧客満足向上の内容 |
|---|---|
| ① _____ | _____ |
| ② _____ | _____ |
| ③ _____ | _____ |

　まず、作業手順を解説する前に基本的な考え方について述べておきたい。

　図表5-12が示すとおり、結果として定義される行動は、個人レベル、あるいは少なくともチーム・レベルのものであり、かつ日常業務の中で実施されるものでなければ意味がない。

　次に、「顧客第一主義」の顧客とは、いったい誰なのかということを明確にしないといけない。図表5-13が示すとおり、業種にもよるが、サービス・デリバリーのバリュー・チェーンを分析すると、自分と最終顧客との間にいくつかのビジネス・パートナーだったり、仲介者が挟まることがよくある。そうした場合には、こうした人々と協働して解決するべきことも出てくることに注意する必要がある。

　これを念頭に最終的には、図表5-14が示すように、最終的な顧客の満足度を高めるために自分およびビジネスパートナーが取りうるアクションを三つほどにまとめる。

　以上が新しい企業文化を導入する一連のプロセスの概略である。

# 第6章

# 日本企業がM&AとPMIを成功させるためには何が必要か

## 1 PMIの成功には日本企業自身の変革が必要

　今までデューデリジェンスからPMIに至るM&Aを成功させるための考え方や、各ステップの要点を分野ごとに述べてきた。前章のインタビューでは、企業の第一線の方の取り組みには、相手との信頼関係を築いて、粘り強くPMIを進めるリーダーシップが大事だということが読者の方にも実感できたと思う。ケーススタディでは、各章で示したPMIの要素がM&Aでどのように組み合わされているかを解説した。

　本章では、こういったPMIのハード面やソフト面の取り組みを推進するために日本企業がどう進化すべきかについて、日本企業への提言という形で述べさせていただく。それはPMIを成功させるには、その手法を本気で実践できるように日本企業自身が変わらなければならないというメッセージである。

　過去半世紀、日本企業の組織と人材マネジメントは、外部環境にうまく対応してきたと言えるだろう。戦後の高度成長を支えたと評価される労使一体の組合、長期雇用、年功序列のシステムは、高度成長が終わっても部分的な修正をされながら続いてきた。低成長になって管理職ポストにつかない場合であっても、管理職と同等の能力や専門性を有する社員を相応に処遇する仕組みが導入されてきた。

こうした対応を続けながら、M&Aにより多様な価値観を持つ社員、特に外国人社員が加わる中で、新たな価値を生むためには、買収した日本側の人材マネジメントを進化させる必要がある。
　これはM&Aで持ちこまれる異質な要素の活用ができるかという課題である。買収によって、自分とは異なる考えを持つ組織や人との間に共通の仕事文化や仕組みを生み出すための経営力を高めることができるのかがPMIでは問われることとなる。
　日本企業は均質・同質的な社員、日本的な組織風土で構成され、「異質」なものは排除する文化があると言われる。一方で、外部の優れたものに刺激を受けて、自分なりに改良して活用する面もある。例えば戦後米国から品質管理手法を学び、全社的品質管理（TQC；Total Quality Control）に進化させて、日本流の物づくりに反映したのはその一例である。
　M&Aも、日本的なやり方とは異なる対象企業とのやり取りから刺激を受けて、自社の強みを進化させるチャンスとも言えるだろう。大型の海外買収では、グローバル人材マネジメントを進めるために買収相手の人事インフラを活用して、他の海外買収に活かしていくことも可能となる。
　さらにM&Aにより日本本社の役員の伝統的ガバナンスも影響を受ける。既に日本企業の株主には外国人投資家が多くなっており、役員の指名から評価、報酬の決め方などについて、説明を求める機関投資家も増えている。M&Aで海外の比率が大きくなる中で、海外現法の役員のガバナンスについても説明を求められることが予測される。これをグローバルの経営に進化するチャンスと捉えて、グローバルで共通の基準による役員の選定、評価、報酬までのプロセスを確立するというビジョンを示してPMIの施策を実行することで海外の優秀な人材の登用や活用が可能となる。こうした活動は、日本人の社員、日本人の役員を前提にしない真にグローバル経営力のある企業に進化する第一歩となるだろう。

## 2　M&Aを前提とする組織運営を確立

　海外の事業の重みが増し、海外法人は別扱いではすまない状況になる中

では、M&A（特にグローバルなM&A）は日本企業の組織の思想や運営の変革を促してくる。PMIのツールを適用するにしても、その根本の原理原則がわかっていなければ、ツールは表面的な活用にとどまりPMIは成功しないだろう。

## 1　統合の前提となる組織原理の転換

　海外企業のPMIでは、日本の組織とは異なる組織運営思想をまず理解する必要がある。人材が日本より流動化している社会で組織運営をしている海外企業では、組織機能が職務単位で「モジュール化」されている。いつ人が辞めるかわからない社会なので、属人的な組織にせずに、代替可能な組織にしているのである。そのために仕事が職務記述書のような形で規格化され、誰かが辞めても、代替の人が埋められるようになっている。組織図を見ても、部署のポジション（組織のハコ）は機能的に記述されており、その隣に現担当者名が記載されている。日本の組織のように兼務はあまりさせないことが普通である。ポジションが空いた場合は「補充予定」となり、社内外から公募や自薦、他薦を含めて候補を探してくる。これは程度の違いはあるが、新入社員からCEOまで同じ思想で運営されている。報酬も仕事によって市場データがあるのでそれを参考にして決めるのである。特にリーダー層については、そのポジションにどの候補者がふさわしいのか、そのアセスメントも含めた多面的な情報に基づき検討される。

　実際には人は、機械の部品のようにきれいに質がそろって代替できるものではない。仕事も固定化されているわけではなく、固有の人材の価値が発揮されることも多い。とはいえ、このような属人的要素を理解しつつ、できるだけ組織の機能を職務を軸にモジュール化する。すなわち、職務と人の情報を集めて、そのマッチングを検討して運営するのは、組織システムとして持続させやすく、かつ誰にもわかりやすく合理的であるため納得が得られやすいということである。

　一方、日本の大企業の組織は長期雇用を前提としており、流動性に乏しいので、人にポジションがつく傾向になりがちである。長期的に働く中で、各自が組織に適合した独自の行動様式を学習し発揮していくのであ

る。ポジションごとの職務記述書はなく、担当業務は状況とその人の能力に応じて柔軟に変化する。日本人独自の「阿吽の呼吸」で、組織の置かれている状況と自分の果たすべき役割を察して動く。社員一人ひとりの仕事が能力に応じて「すり合わせ」されていくのである。半分笑い話だが、日本企業で職務評価をすることになり、その準備として職務記述書を作成することになった時に、「私の職務記述書は、部長の命令で何でもこなすと書けば十分である」と言った課長がいたが、日本企業に特有の属人的な組織運営をよく表している。このような組織運営は日本人には理解できるが、外国人社員が多くなってきているグローバルな組織では理解されにくい。

　また一つの仕事だけでなく複数の仕事を経験するローテーションを通じて人材を成長させようとするのも日本企業の特徴である。海外企業では一部のリーダー人材を除いて、このようなローテーションはあまり見られない。日本企業のローテーションには当人に刺激を与えるだけでなく、複数の上司の眼から人材を評価するという狙いもある。日本企業は人材の均質性や長期的な育成の観点から、人に合わせたきめ細かい組織をデザインし、運営してきたのである。

　しかし、このような日本的な緻密なすり合わせ型組織ではPMIがうまくいかないことが多い。M&Aによって多様化した社員が納得できる説明が難しいからである。基本思想としてはモジュール型組織に統一すべきであろう。ただし多様な人材が協働することで総合力を発揮する日本企業の強みを失わない、という工夫は必要であろう。

　モジュール型組織の運営道具として、グローバルで共通の職務等級や、仕事の市場価値に基づく報酬体系、リーダーの選定プロセスなどの世界共通の人材マネジメントの思想の導入を日本も含めて真剣に検討すべきだろう。

　なお、職務等級は原則としてポジション・リンクなので、職能資格制度を採用している日本企業にとっては、組織のスリム化に役立つという側面もある。職能資格制度は、管理職と同等の資格を認めることにより、部下を持たない課長や部長クラスをポジションより多く作り出し、高人件費に

なりがちな構造を持っている。会社によっては昇格者数をコントロールして、高人件費化を避ける手を打っているところもあるが、「年功」により多数の管理職クラスが発生してしまっている会社も多い。そうなると、組織の意思決定スピードが遅れ、若手社員のモチベーション低下が起こりがちである。このような場合には、単に早期退職プログラムを実施するだけでなく、職能から職務に転換するという「攻め」の組織変革を行うことも有効だろう。

## 2　統合組織モデルのビジョンが必要

　もう一つの長期視点としては、買収した会社をグローバル経営の中で日本本社とどういう関係に位置付けて経営するかというモデルを明解にしておくべきである。そのモデルを関係者と共有しておくことが、PMIの諸施策立案と実行の指針となる。

　図表6-1では、そのモデルを三つに分けて示している。

　モデルA「委譲モデル」は買収した会社にタッチをせず、権限はほぼもとのままで相手の会社に任せるモデルである。過去の日本企業では、このモデルが多いようである。買収された企業のほうも、新しい株主は静かで物わかりがよく、自分たちの好きなようにやらせてくれるし、気前もいいと歓迎する。モデルAは、どちらも現状を維持できる無難なモデルではあるが、日本側のガバナンスが利かずに、適切なPMIの施策ができなくなるリスクがある。実際、買収した現地法人に社員処遇の統合方針を示さなかったので、市場平均以上の保険や福利厚生プログラムが買収後に導入された例があった。幹部を特に優遇する様々なプランが残ったままになっていることもある。PMIの効果を出すためには、このモデルを持続することは難しくなるだろう。

　モデルB「分離モデル」は、グローバルなM&AとPMIについて、日本人が日本で実施するのは無理と割り切って、日本以外に海外本社を設立し、そこがすべてのM&AとPMIをリードする方法である。役員のキー・ポジションには日本人も入るが、CEOはそのポジションの要件を満たす日本人以外がなることもある。この場合は、外国人に対してガラスの天井

（あるポジションより上にいく昇進を妨げる見えない壁のたとえ）がないことを示すことができる。通常は、海外本社の主要ポジションは海外の市場と人材を理解している外国人が占めることになる。日本本社と海外本社には壁が残るが、日本の事業とそこでの人材マネジメントは特殊であり、グローバルな事業とそこでの人材マネジメントとは分断してかまわないという考え方に基づいている。これは、日本の事業は成熟し、海外市場で成長が見こまれるものの、日本の事業モデルを海外に持ちこむことは難しく、海外の市場に合わせた展開が必要な時に有効なモデルであると思われる。

モデルC「統合モデル」は、日本がグローバル本社となって海外法人をコントロールするモデルである。これは日本本社のほうにも、内なるグローバル化を求めるものであり、前述した二つのモデルに比べて難易度が高い。このモデルへの進化は時間をかけて進む場合と、一気に進む場合がある。前者では現地法人の幹部が徐々に日本本社の執行役員になってくるのに伴って、幹部の等級や報酬体系のグローバル共通化に向けて段階を踏んで進むアプローチになる。後者は大きな海外買収が発生して一挙に外国人社員が増えた場合に採用されることがある、外国人社長や幹部が統合後の早い段階に、グローバル本社のグローバル関連の主要ポジションを占めるやり方である。この背景には日本人をトップのままにしてグローバル化するのを待っていては、時間がかかりすぎる。外国人を梃子にグローバル本社が海外法人をリードするモデルCに早急に進化すべきだという判断があると思われる。

日本企業がグローバルでPMIを成功させるには、放任になりがちなモデルAにとどまらずに、モデルBあるいはモデルCを目指すべきであろう。

## 3　日本企業の人材マネジメントの課題

PMIで異質で多様な人材を活かすマネジメントのために、組織原理とモデルに照らすと、日本企業の人材マネジメント面から見たPMIの課題がより鮮明になる。これらは、持続的に取り組むべき課題であろう。

**図表6-1　PMIの政策立案と実行のための三つのモデル**

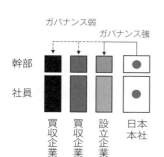
A：委譲モデル

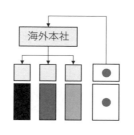
B：分離モデル

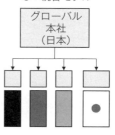
C：統合モデル

特徴
- 日本への影響は軽微
- 人事上のガバナンスは弱く、被買収企業は歓迎
- 日本本社のグローバル化が課題

- 日本は違うという割り切り
- 海外本社の幹部人材の処遇は共通化
- 海外人材の動機付けに有効

- 本社にグローバル経営人材が必要
- 日本を含めて幹部人材の処遇を共通化

## 1　属人化からの脱却と意思決定の透明化

　M&Aの目的に沿った事業運営と組織モデルをもとにPMIを進めるには、統合リーダーをしっかり機能させることが重要な課題である。しかし日本企業は経営者の登用・評価・報酬・交代が体系化されていないために、経営トップの属人的判断で決められることが多い。これが買収した会社の幹部の報酬決定に甘く作用してしまうことがある。その結果、高報酬でリテインした海外経営者に厳しい見返りを求めないという、その幹部から見たら「ローリスク・ハイリターン」の楽な環境になりがちである。結果が出なくても、すぐには解雇されないという甘えが許され、周囲と摩擦を起こす厳しい施策が取られないままに時間がすぎて、問題が大きくなって初めて本社が処理に乗り出さざるをえなくなるのである。

　これは買収した会社に権限を委譲しすぎた場合に起こりがちな問題である。買収した会社がリテインした経営者でうまくいっているように見えてもリスクは残る。その経営者に任せきりにして、様々な事情でその経営者

が急に辞めた場合には途方にくれるのがその例である。こういったリスクに備えた適切な手が打てるように、PMIを属人化させないほうがよい。具体的には意思決定の仕組みや、統合リーダーの登用・評価・報酬・交代を体系化して本社がコントロールする必要がある。

またオーナー企業ではない日本企業では、意思決定に関与する役員や幹部が多く、意思決定に時間がかかる。また、主要な検討は中堅社員によって各部門の意見も聞きながら行われて、稟議にかけられるというミドルアップのプロセスについても、M&Aはトップダウンの少人数のタスク・フォースでやるものと思っている外国人幹部にわかりにくい点がある。

ミドルアップのプロセスはPMIを着実に実行するうえで効果があるものだが、トップダウンに比べて意思決定が遅くなる。また関与者が多いことは誰が意思決定の責任者かを見えにくくしている。ミドルアップでもトップダウンでも、検討プロセスを「暗黙知」にしておくのではなく、明確にルールやマニュアルのようなものに整備して共有化し、買収した会社と意思決定プロセスを効率的に運営する必要がある。

## 2　組織のモジュール化への抵抗排除

先に述べたように日本企業の組織は、人が中心で属人的に動いており、モジュール化することに対しては、今までの組織の良さを台無しにするのではないかと抵抗されることが多い。しかしPMIでは、M&Aの目的を達成するために、機能的に役割分担することが求められ、しかもそれを多様な人材がぶれなく理解して進めることが求められるので、責任を担う層はモジュール的な組織と人事制度にならないと、PMIの組織効率は上がらない。多様で流動性の高い組織は、属人的運用が困難だからである。そのため幹部には、世界共通の職務等級や、評価基準が求められるのは当然である。

また幹部以外の一般社員についても、世界共通の仕組みを検討してはどうか。

もう一つの課題として忘れてはならないのが、福利厚生制度（ベネフィット）である。ベネフィットは国の法律や税制に影響される面が多く、世

界共通の制度を導入することはなかなか困難である。それでもベネフィットにおける処遇の基本方針を定めて共通化を図ることにより、PMIでの統合効果を生み出せる。

## ３　社員コミュニケーションの工夫

　日本企業はM&Aの社員コミュニケーションに不慣れであるように思える。投資家やアナリスト・ミーティング向けのような、数字やグラフ満載の資料で、買収相手の社員に説明を行うことがしばしば見られる。しかしこうした説明では、買収された社員の心に響かない。自分たちの雇用はどうなるのかや、仕事の仕方は変わるのか、自分の給料や福利厚生はどうなるのか、ボスはどうなるのか、といった社員が強い関心を持つことがらについては、社員目線で説明やQ&Aを行うことが重要である。

　今後の事業の方向性に関する説明は、相手企業の経営幹部ともよく話し合って相互に納得した内容とすべきである。デューデリジェンス段階ではバラ色のシナリオを描いても、PMIでは予測できない問題が起きるかもしれないので、楽観は禁物である。過剰な期待を相手に持たせるような社員説明は避けるべきである。

　そして重要なのは、経営理念に対する共感形成である。わかりやすい言葉と事例で、自社の経営の核となっている経営思想を、相手企業の経営幹部や社員に伝わるように工夫して話をすることが必要である。PMIではこうした説明を、経営幹部や社員に対して、いろいろな場を設定して伝えることが重要だ。

　一般論として日本人は、単一民族の環境で以心伝心型コミュニケーションに依存してきたので、多様な聞き手にわかりやすく伝えるコミュニケーションが苦手である。しかし特にグローバルなM&Aでは、相手にメッセージを的確に伝えるためのコミュニケーション戦略・戦術を磨く必要がある。

　PMIに携わる日本人全員が、アップル創業者でプレゼンの達人だったスティーブ・ジョブズのようになることは相当困難であるが、自分なりの工夫をして多様な社員を動かすコミュニケーション能力の向上に努めるべ

きである。

## 4 PMIのレベルアップ

ここでは、PMIをどうレベルアップするかについてまとめてみる。

### 1 PMIプランニングをデューデリジェンスから行う

そもそもPMIをどこまで実施すべきかは、なるべく早い段階で判断する必要があるが、PMIの仮説作りと進め方の検討は、デューデリジェンスの段階から始めるべきである。

事業戦略を実行し、目指すゴールを実現するためには、何を統合して、何は統合しないのかを最初に判断するべきである。例えば技術を獲得する目的でベンチャー企業やIT系企業を買収する場合には、組織や管理の統合を急ぐことが相手の強みを削いでしまうこともありうるので、慎重に企業文化への共感を形成することに注力すべきで、人事制度などは急いで統合する必要はない、といった具合である。

またIT業界のような変化の激しい業界で次々に会社を買収して、状況に応じて子会社を選択的に統合したり、一部の事業を売却したりすることが考えられる場合には、無理にコストと時間をかけて統合しないほうがいい場合もある。

また、いくつかの事業を持つ会社を買収した場合には、統合戦略と合致しない事業の売却やリストラを行う必要が出てくる。その際には、解雇やセベランス・ペイ（割増退職金）の支給も必要になる。デューデリジェンスではそうした施策の必要性やコストの見積もりを優先するべきである。

本来、戦略とそれを実行する組織の青写真は、デューデリジェンスの時点で固められているべきである。新たに組織を設計するつもりで、必要な機能とポジションを定め、重要なポジションについてはその候補者の素案を作成するところまでできれば理想的である。すなわち、デューデリジェンスでは買収後の組織と戦略の仮説を構築しつつ、実行時に発生しうるリスクやコストを予測し、対応策を準備するということだ。現時点ではまだ

そこまでのデューデリジェンスをしている日本企業は少ないが、デューデリジェンスの段階から統合すべきものを明確にするためにPMIプランの検討を始めることは効果的である。

## ２　経験と組織知を反映したマニュアルとツールを活用する

　PMIにおいて統合の効果を出していくうえでは、マネジメント・スキルの進化が求められる。マネジメントの巧拙は経験にも左右されるので、経験豊富なメンバーを配置することが有効ではあるが、そのような人材は概して少ないものである。経験豊富とは言えないメンバーであっても、PMO（Project Management Office）の戦力となって、プロジェクト・マネジメントに貢献してもらうためには、M&Aのプロセスごとに検討の要点や意思決定の手順をまとめたガイドブックや基本マニュアルが役立つだろう。そのマニュアルには、M&Aや買収対象企業の状況をパターン化して、どのような判断が各プロセスで求められ、そのためにはどのような情報をどのような観点から分析すればいいか、などの示唆が記載されていると有効である。社外アドバイザーに期待すべき役割も、例えば人材面であれば、「労使問題のチェック」「リテンション・プランの作成や交渉支援」「第三者インタビューの実施」などと明示をしておけば、アドバイザーの選定やチーム組成にも役立つことが期待できる。ただし実際のM&Aの案件はそれぞれ異なるものである。マニュアルはあくまで担当者に指針を与えるものであり、状況に応じた判断は依然として不可欠である。マニュアルはメンバーの判断の質を高めるための底上げツールと捉えるべきである。

　実際に自社が経験したPMIのケースからの「学び」をこのマニュアルに加えることは大変役に立つ。ある日本企業では、自社が過去３年間に買収した企業のPMIの実情について、目標に対する実際の業績数値のギャップ分析だけでなく、買収やPMIに関わったキーマンの率直な意見を、自社だけでなく、買収された企業の社員からもヒアリングした。耳の痛い意見もあったが、その教訓は、今後のM&Aの参考になるものとして経営メンバーに共有されたという。これはまさに「学習する組織」の実践である。

日本企業の強みは、人材の定着率が高く、このような形で、組織の経験知が蓄積・共有されやすい点にある。仕事を標準化し、現場の経験をフィードバックして、さらにレベルアップしていくというPDCAサイクルを回すという、日本企業が物づくりで発揮してきた強みは、M&Aのプロセス・マネジメントでも活きることが期待できる。

　また、PMIに役立つインテグレーション・ツールの活用も有効である。組織人事関連のハード（制度）やソフト面（共通の仕事文化形成など）に多言語ツールを活用するのである。ウイリス・タワーズワトソンでは、組織と人事制度面では、職務の大きさを評価して共通等級を作成するためのGlobal Grading System（GGS）や、共通人材評価軸を作成するためのコンピテンシーの定義書（コンピテンシー・アトラス）などをツールとして提供している。ソフトな分野（文化や人材アセスメント）でも360度調査やインタビュー支援ツールがある。このようなツールを活用し、買収後の人事基盤を確立することで、統合組織の事業戦略の展開と実行をよりスムーズにすることが可能になるのである。

## 5　統合リーダーの開発

　PMIの成功を実現するうえでは、異なる文化に帰属する多様な人材に対して目指すべきゴールを示し、幹部との信頼関係を構築しつつPMIのプロセスをリードできる人材（統合リーダー）が成功の鍵を握る。しかしそのような人材はめったにいない。したがって、統合をリードできる人材（グローバルのPMIをリードすることが可能な人材）の発掘と開発が日本企業の喫緊の課題である。昔から日本の組織は一般社員の底上げ教育や専門教育には熱心だったが、リーダー開発には表立って取り組んでこなかった。しかし今や待ったなしの課題となっている。

　日本人の統合リーダーのモデルは間接統治になることが多いだろう。世界的に直接統治ができるビジネスモデルを持つ日本企業は少数だと思われるからである。また、現地の市場を日本人が深く理解することが難しく、言葉の壁もあって日本人が現場のオペレーションをリードすることが困難

だからである。したがって、日本企業のPMIは現地の幹部に、放任ではないが、かなりの自由度を与えて経営する「間接統治」モデルになるのが自然であろう。

PMIでは現地と日本がWIN-WINになるような経営が求められる。現地のリーダーと関わる統合リーダーの役割は重要である。買収先に買収側のプランを押し付けず、相手の文化を尊重し、現地の幹部と信頼できる関係を構築してPMIを実践するロールモデルになるのである。

統合リーダーは、PMIのマニュアルやツールを統合の武器にするだけでなく、異なる文化の社員を統合していくための原動力を自ら持たなければならない。それは、相手を理解する受容性にとどまらず、相手を動かす力や信念といったものである。人間としての「器」の大きさは当然必要であるが、日本企業の真髄を深く理解することが、統合リーダーとして必要になるはずである。

## 6 日本企業の強みをPMIに活かすために必要なこと

日本的経営の長所である、長期的視点、人材重視、現場重視の特徴はPMIにも活きるはずである。ただし、日本企業では、多くの部門が関与することで意思決定が遅くなったり、責任が曖昧になったりすることも事実である。一方で、関係部門があらかじめ、PMIのプランを共有していることで、PMI施策の円滑な実行が期待できる面もある。買収相手企業をPMIプランの作成プロセスに適切に巻きこむことができれば、PMIのスピードを速めることも可能である。そのために、日本側も相手企業を巻きこんで、M&Aで価値を増大させるための戦略について、しっかり議論できるかがポイントであろう。このようなやり取りを異文化を持つ買収相手企業と行い、双方納得の下で合意を形成する必要がある。異文化の尊重は、こうした合意を導くうえでの大前提となる。

また、日本の組織運営の特徴や意思決定のプロセスを相手に説明し、あらかじめ理解を得ておくことが望ましい。

このような協働を進める中で、人事部の果たす役割は重要である。双方

のカウンターパートについて、どのような人材にPMIをリードしてもらうのか、また、それらのリーダーが施策を実施するうえで、どのような課題や制約が想定されるのか、明確にすることが求められる（十分な融合や相互理解が進んでいない中で急進的な施策の実行はリスクがあるからである）。

　さらに、その課題の解決方法についても提案することが必要である。例えば、人事がコミュニケーション役を果たすべきなのか、人事制度上の施策の見直しが必要なのか。経営トップに対して社員に対するメッセージを提示することが必要ということもあるかもしれないし、PMIを推進するリーダーに対して、社員の前で見せる姿勢についてアドバイスをすることが有効という場面もあるかもしれない。

　PMIにおいて人事が関与する領域が広範に及ぶ中で、より良い解決方法を導くためには全体像を的確に把握しておくことが望ましいことから、M&Aの早い段階から人事部が参画していることが望ましい。実際、M&Aに成功している会社は、そうではない会社に比べて、人事部門がM&Aの早い段階から参加しているというデータがある。人事部門はビジネスパートナーとなることでPMIに貢献できるし、さらにグローバル経営を支えるように、日本側の人材マネジメントを進化させる起点となることが期待されている。M&Aは日本的な経営をさらに進化させるチャンスなのである。

# 索引

## A to Z

BPR（Business Process Re-engineering） 211
CIC（Change-in-Control）／COC（Change-of-Control） 52, 54
COE（Center Of Excellence） 120
DA（Definitive Agreement） 99
Day 1 2
DB（確定給付型退職給付／年金） 96, 97, 199
DC（確定拠出型退職給付／年金） 96, 102, 199
Double Trigger 53
Full-insured 105
Global Grading System（GGS） 90, 203, 228
Golden Parachute 52
Good Reason 53
HMO（Health Maintenance Organization） 105
HRIS（HR Information System） 117
IMO（Integration Management Office） 31
Inbound 109
In-In 109
IRA（Individual Retirement Account） 103
IT 25
Key Behaviors 210
KSF（Key Success Factors） 210
Lewis Model 132
Line-of-sight 70, 79
Locked Box方式 100
Out-In 109
Pay for Job 86
Pay-to-Perform 8
Pay-to-Stay 8
PBO（Projected Benefit Obligation） 15, 99
PEファンド 198
Perquisite 52
PMI（Post Merger Integration） 1
　——プランニング 226
PMO（Project Management Office） 26, 30, 31
PPO（Preferred Provider Organization） 105
Self-insured 104
Severance Pay 52, 54
Side by Side分析 27, 113
Single Trigger 53, 54
Term Sheet 63
TQC（Total Quality Control） 218
TSA（Transition Service Agreement） 19, 101, 207

## ア行

IRA（個人退職勘定） 103
IMO（全体PMO） 31
IT
　人事—— 25
Out-In 109
アクチュアリー（年金数理人） 99
アセット／カーブアウト・ディール（事業譲渡／取得） 5, 17, 20, 102, 106, 110, 112, 205
イグジット 74
委譲モデル 221
移転承継
　権利義務の—— 101
In-In 109

異文化融合ワークショップ　144
医療給付
　退職者――　15
医療制度
　退職者――　104
医療保険（健康保険）　95, 97, 104
　外部――　199
　自家――　199
インセンティブ
　長期――　50, 54, 66, 68, 72
　年次――　49, 66, 68, 69
インセンティブ・カーブ　49, 71
インタビュー　48, 55
インテグレーション・ツール　228
Inbound　109
インフルエンサー　152
営業手当　92
HRIS（HR Information Systems）　117
HMO　105
エンゲージメント　133
エンゲージメント・サーベイ　140
オーバーラップ　74

### カ行

海外人事分科会　31
会議体　35
介護保険　104
外部医療保険　199
格付け（グレーディング）　88
確定給付型退職給付／年金（DB）　96, 97, 199
確定拠出型退職給付／年金（DC）　96, 102, 199
確定拠出年金
　集団型――　102
過去勤務期間　100, 103
家族手当　92
合併　17
　吸収――　18
　新設――　18
ガバナンス　16, 25, 33

カーブアウト／アセット・ディール（事業譲渡／取得）　5, 17, 20, 102, 106, 110, 112, 205
株式
　譲渡制限付――　82
株式交付信託　81, 82
株式譲渡／取得（ストック・ディール）　5, 17, 19, 99, 106, 109, 112, 114, 198
株式報酬型ストックオプション　81, 82
借り上げ社宅　97, 107, 110
カルチャー・サーベイ　136
間接統治　228
管理職手当　92
企業価値・買収価値算定　14
企業年金制度
　確定給付型――　101
企業バリュー　210
企業文化　25, 28, 123
企業理念　210
基本給　92
基本報酬　66, 68
規約変更
　確定給付企業年金の――　101
吸収合併　18
給付の期間配分方法　99
協会けんぽ　104
業績指標　70, 76
勤務費用　99
クイック・ヒッツ　211
Good Reason　53
グレーディング（格付け）　88
グレード制度
　グローバル共通――　86
クロージング（買収の成立）　2, 17, 99, 103
Global Grading System（GGS）　90, 203, 228
グローバル人材モビリティ　109
経営理念（ミッション・ビジョン・バリュー）　130
KSF（Key Success Factors）　210

権限／規定　35
健康保険（医療保険）　95, 97, 104
健康保険組合　104
権利義務の移転承継　101
公的給付　104
行動規範　210
顧客ヒヤリング・サーベイ　209
国際間移動　78
国際プーリング　107
国内企業の買収（In-In）　109
個人退職勘定（IRA）　103
個別同意　18
　　従業員の──　110
コーポレートガバナンス　73
コミュニケーション　25, 29, 150
　　──戦略　17
　　──・プラン　155
雇用契約　63
ゴールデン・パラシュート　52
コレクティブDC（集団型確定拠出年金）　102

### サ行

Side by Side分析　27, 113
債務
　　退職給付──　15
　　未認識の──　14
サインオン・ボーナス　20
サクセッション・プラン　28, 201
CIC（Change-in-Control）／COC（Change-of-Control）　52, 54
シェアード・サービス　19, 24
COE（Center Of Excellence）　120
自家医療保険　199
歯科保険　104
自家保険（Self-insured）　104
事業価値の算定　116
事業譲渡／取得（アセット／カーブアウト・ディール）　5, 17, 20, 102, 106, 110, 112, 205
仕事に対する報酬（Pay for Job）　86

私的保険　104
死亡率　99
死亡率改善　99
社員意識調査　140, 209
社宅　107, 109
　　──使用料　107
　　借り上げ──　97, 107, 110
社内住宅ローン　107, 110
従業員の個別同意　110
就業不能所得補償保険　97
住宅手当　93, 97, 107
住宅補助　95, 97, 107
住宅ローンの借り換え　110
集団型確定拠出年金（コレクティブDC）　102
受給待期者　100
昇給率　99
譲渡制限付株式・ユニット　50, 82
賞与（年次インセンティブ）
　　ターゲット型──　69
　　プロフィット・シェアリング型──　69
将来勤務期間　100, 103
食事券　97
食事手当　97
職能給　92
職能資格制度　202, 220
職能等級制度　86
職務給　92
職務等級制度　85, 203
職務・役割の設計　88
所得補償保険
　　短期就業不能──　104
　　就業不能──　97
視力矯正保険　104
Single Trigger　53, 54
人材データベース　87
人材配置　91
人材モビリティ
　　グローバル──　109
人事IT　25

──ソリューション　117
人事の基幹制度　84
人事報酬分科会　31
新設合併　18
信託受託者（トラスティ）　101
数理計算報告書　99
スタンドアローン・イシュー　5, 15, 19, 205
ストックオプション　50, 82
　株式報酬型──　81, 82
ストック・ディール（株式譲渡／取得）　5, 17, 19, 99, 106, 109, 112, 114, 198
成果主義　86
精勤手当　92
生命保険　97
セベランス・ペイ（Severance Pay）　52, 54
セールス・インセンティブ制度　24
全社的品質管理（TQC）　218
全体PMO（IMO）　31
組織デザイン　24
ソフト・イシュー　26

### タ行

退職給付　95
　──会計　97
　──債務（PBO）　15, 99
　確定給付型──　96, 97, 199
　確定拠出型──　96, 102, 199
　買収対象となる──　99, 100
退職金
　割増──　20
退職者医療給付　15
退職者医療制度　104
対人コミュニケーションの文化比較　134
ターゲット型賞与　69
たすき掛け人事　91
Double Trigger　53
Term Sheet　63
タレントマネジメント　25
短期就業不能所得補償保険　104

単身赴任手当　109
地域手当　92
Change-in-Control（CIC）／Change-of-Control（COC）　52
チェンジ・マネジメント　147
　──・プラン　29
長期インセンティブ　50, 54, 66, 68, 72
直接統治　228
DA（買収契約）　99
TSA（Transition Service Agreement）　19, 27, 101, 207
TQC（全社的品質管理）　218
DC（確定拠出型退職給付／年金）　96, 102, 199
DB（確定給付型退職給付／年金）　96, 97, 199
ディール・ストラクチャー　17
Day 1　2
データベース
　人材──　87
転勤者　108
転籍　18, 20
　──同意書　207
等級制度　85, 137
　職能──　86
　職務──　85
　役割──　85
等級の紐付け・マッチング　92
等級・評価・報酬　84
統合モデル　222
統合リーダー　146
統治
　間接──　228
　直接──　228
同等な処遇　100, 103, 116
登用　34
トラスティ（信託受託者）　101

### ナ行

日本型ベネフィット　107
年金受給者　100

年金数理人（アクチュアリー）　99
年次インセンティブ／賞与　49, 66, 68, 69
　　ターゲット型——　69
　　プロフィット・シェアリング型——　69
年次有給休暇　97, 111

### ハ行

バイアウト　117
買収価値算定　14
買収契約（DA）　99
買収対象となる退職給付　99, 100
買収の成立（クロージング）　17
売買契約書　13
Perquisite　52
ハード・イシュー　26
パフォーマンス・キャッシュ　50, 82
パフォーマンス・シェア　50
バリュー　130
バリュー・チェーン　214
PMI（Post Merger Integration）　1
　　——プランニング　226
PMO（Project Management Office）　26, 30
非差別テスト　103
ビジュアル・メディア　154
ビジョン　130
BPR（Business Process Re-engineering）　211
PBO（退職給付債務）　15, 99
PPO　105
100日プラン　30
病気休暇　111
付加給付　104
福利厚生（費）　95
　　法定外——　107, 111
福利厚生費調査　107
扶養手当　92
プライベート・エクイティ（PE）ファンド　198

プーリング・ネットワーク提供会社　107
フレームワーク　25
ブロード・バンド　200, 202
プロフィット・シェアリング型賞与　69
分割　101
文化融合ワークショップ　204
分離モデル　221
Pay-to-Stay　8
Pay-to-Perform　8
Pay for Job（仕事に対する報酬）　86
ベスティング　50
ベネフィット　25, 95
ベンチマーク分析　46
ポイント・ファクター　90
包括承継　18
報酬（経営者・従業員）　25, 84
　　——委員会　36, 62
　　——水準・ミックス　46, 65
　　——制度　139
　　——データ・サーベイ　46
　　——の方針　48
　　——ミックス　92
　　基本——　66
法定外福利厚生（費）　107, 111
法定給付　104
放任主義　26
保健事業　106
ボーナス
　　リテンション・——　59

### マ行

マイクロ・マネジメント主義　26
マッチング　47, 92
満足度調査　140
ミッション　130, 210
未認識の債務　14
モジュール化　219
モジュール型組織　220
持ち家補助政策　107

## ヤ行

役付手当　92
役割給　92
役割等級制度　85
家賃補助　97, 107
有給休暇　95
　年次——　97, 111
有給休暇引当金　112

## ラ行

Line-of-sight　70, 79
利子補給　107
リーダーシップ　25
　——・アセスメント　28, 91, 147
リテンション　6, 9, 28, 37, 54, 72, 201
——・ボーナス　59
ルイス・モデル（Lewis Model）　132
留守宅手当　109
レポーティング　26
　——・ライン　35
労使協議会（ワークス・カウンシル）
　20, 94
労働契約承継法　18
Locked Box 方式　100

## ワ行

ワークショップ　210
ワークス・カウンシル（労使協議会）
　20, 94
割引率　99
割増退職金　20

# 執筆者略歴

## 要 慎吾（かなめ しんご）　　【担当：はじめに、第1章、第2章3・4】
M&A部門 リーダー ディレクター

三井銀行（現、三井住友銀行）、ベイン・アンド・カンパニー、日興シティグループ証券（現、SMBC日興証券）投資銀行本部マネジング・ディレクター等を経て、ウイリス・タワーズワトソンのM&A部門設立に伴い着任。日本を代表する企業のグローバル戦略の立案、および海外買収案件のアドバイザリー業務など数多くのM&A案件を手掛ける。

特にクロスボーダーのM&A案件については、海外ターゲット企業のビジネス、財務、人事デューデリジェンス、経営幹部のリテンション交渉、買収後のPMI戦略の立案を含め、M&Aプロセス全体について豊富なマネジメント経験を持つ。慶應義塾大学卒業、スイスIMD（国際経営開発研究所）MBA修了。

## 中村 健太郎（なかむら けんたろう）　　【担当：第2章1・2・5、第3章3】
Work & Rewards部門　ディレクター

ウイリス・タワーズワトソンに入社以来、日系企業のグローバル・タレント・マネジメント、報酬制度の設計支援や、海外拠点の設立・再編の支援、海外企業買収後のPMIの支援等を手掛けている。M&Aの支援に関しては、人事デューデリジェンス、役員報酬・インセンティブ制度の設計・導入支援、リテンション・プランの設計・導入支援、買収後のPMIの実行支援等、多岐にわたるアドバイスの経験を有する。特にカーブアウトにおける組織・人事面のスタンドアローン・イシューへの対応に関して、人事PMOの運営も含めて豊富な経験（国内、および海外）を有する。著書に『「経営者報酬」の実務詳解』（共著、中央経済社）。慶應義塾大学経済学部卒業、米国公認会計士、日本証券アナリスト協会検定会員。

## 森田 純夫（もりた すみお）　　【担当：第3章1・2】
Work & Rewards部門　日本代表　マネージング ディレクター

大手損害保険会社を経て、ウイリス・タワーズワトソン入社。国内外の経営者報酬制度に関し、豊富な実績を有する。近年では、日本企業が買収した海外企業における経営者報酬の運営支援や、グローバル経営者報酬制度の立案、グローバル長期インセンティブ導入などを多く手掛けている。

クロスボーダーM&Aに関する経験が豊富。経営幹部のリテンション・パッケージの設計や、長期インセンティブの代替報酬の設計なども数多く行っている。デ

ューデリジェンスからPMIに至るM&Aの様々なステージにおいて、プロジェクト・リーダーとして幅広い支援を提供している。
東京大学文学部行動文化学科卒業（社会学専攻）。

### 堀之内 俊也（ほりのうち　としや） 【担当：第3章4】
Retirement部門 ディレクター

三井銀行（現、三井住友銀行）、ウイリス・タワーズワトソン、コーポレイトディレクション、ブレイスアップ勤務を経て、2010年ウイリス・タワーズワトソンに復帰し、現在に至る。日本企業および外資系企業に対する、トータル・リワード（総合的報奨制度）の視点に基づいた人事処遇・報酬制度の総合改革支援に携わる。加えて、M&Aデューデリジェンスや PMI に関するプロジェクトについても豊富な経験を有する。『労政時報』（労務行政）、『企業年金』（企業年金連合会）等、専門誌への寄稿も多数。
東京工業大学工学部卒業、一橋大学大学院国際企業戦略研究科修士課程修了（MBA in Finance）。年金数理人、日本アクチュアリー会正会員、日本証券アナリスト協会検定会員。

### 松尾 梓司（まつお　しんじ） 【担当：第4章】
Employee Experience部門 ディレクター

日系コンサルティング・ファームや外資系PRエージェンシーなどを経て現職。コミュニケーション＆チェンジ・マネジメント領域のコンサルタントとして、企業の様々な変革を、主に従業員コミュニケーションとチェンジ・マネジメントの視点から支援している。企業合併においては、経営ビジョンの浸透や企業文化の構築、また新たな人事施策に関する従業員コミュニケーションなどのコンサルティングに豊富な実績を有し、コミュニケーション戦略の立案にとどまらず、各種説明媒体の企画・制作や説明会のファシリテーションなど、実行フェーズまでを含めたトータルな支援を提供している。
京都大学法学部卒業。

### 片桐 一郎（かたぎり　いちろう） 【担当：第3章5、第6章】
Work & Rewards部門 ディレクター

コマツ、マッキンゼー・アンド・カンパニーを経て入社。戦略・組織・人を一体として捉えて支援するコンサルティングを実施してきた。M&Aでは20年にわたり、多くのアウトバウンド／インバウンド案件を支援してきた。グローバル人材開発の支援も行っている。
東京大学工学部卒業。スタンフォード大学工学部卒業。

## M&Aシナジーを実現するPMI
### 事業統合を成功へ導く人材マネジメントの実践

2016年6月9日　第1刷発行
2025年7月22日　第8刷発行

編　者──ウイリス・タワーズワトソン
著　者──要　慎吾・中村健太郎・森田純夫・堀之内俊也・松尾梓司・片桐一郎
発行者──山田徹也
発行所──東洋経済新報社
　　　　　〒103-8345 東京都中央区日本橋本石町1-2-1
　　　　　電話＝東洋経済コールセンター　03（6386）1040
　　　　　https://toyokeizai.net/

装　丁………………橋爪朋世
印刷・ＤＴＰ……藤原印刷
製　本………………東京美術紙工
編集担当…………村瀬裕己　　Printed in Japan　ISBN 978-4-492-53379-6
©2016 Willis Towers Watson

　本書のコピー、スキャン、デジタル化等の無断複製は、著作権法上での例外である私的利用を除き禁じられています。本書を代行業者等の第三者に依頼してコピー、スキャンやデジタル化することは、たとえ個人や家庭内での利用であっても一切認められておりません。
　落丁・乱丁本はお取替えいたします。